ARISTOTE

亚里士多德传

追寻真理的一生

tassos apostolidis @ alecos papadatos

[希腊] 塔索斯·阿帕斯托利迪斯　著

[希腊] 阿雷卡斯·帕帕达托斯　绘

郑彦博　译

四川文艺出版社

ARIST

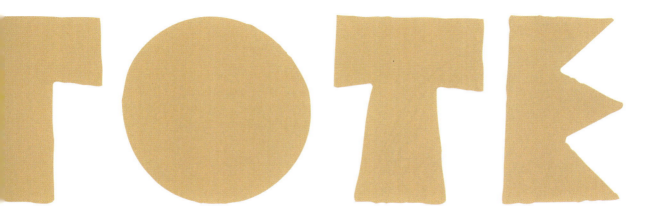

果麦文化　出品

亚里士多德

我们故事的主角！作为古希腊伟大的博学者和哲学家，他有着不同寻常的一生。今天的我们会发现，他的大部分理论直到如今仍然适用。

泰奥弗拉斯托斯

亚里士多德的学生，后来成为亚里士多德的协助者和亲密的朋友，最后还成了吕克昂学园的继承人。他的讲述对我们而言弥足珍贵。

柏拉图

哲学家，苏格拉底的学生，亚里士多德的老师，他创立了阿卡德米学园。他和亚里士多德互相推崇，但通常互相持有不同观点。

赫米阿斯

亚里士多德最大的支持者。为了表达感激之情，亚里士多德为他撰写了《美德赞歌》，这件事使亚里士多德遭到了许多非难。

皮西厄斯

赫米阿斯的养女，杰出的生物学家——尽管这个词在当时并不存在。她是亚里士多德的协助者，同时也是他的妻子。她陪伴亚里士多德经历了所有的颠沛流离。

小皮西厄斯

亚里士多德和皮西厄斯的女儿。亚里士多德以妻子的名字为其命名。这是出于对妻子的爱，但也可能是因为他预感到了什么。

马其顿国王腓力二世

这位伟大的国王，通常作为亚历山大的父亲而闻名。

亚历山大大帝

在成为伟大的战略家和征服者之前，他是亚里士多德的学生。后来，亚历山大说，他欠他的老师一个丰富而充实的人生。这可不是随便说说！

赫皮利斯

亚里士多德晚年的伴侣。她为亚里士多德生了一个儿子，名叫尼各马可。亚里士多德写的《尼各马可伦理学》就是以这个孩子的名字命名的。这本书至今仍是世界上阅读量最大的书籍之一。

尼卡诺尔

普罗克西诺斯的儿子。普罗克西诺斯是亚里士多德的监护人。当这个孩子失去双亲后，亚里士多德收养了他，并将自己从他父亲那里得到过的所有照顾和关爱都给予了他。

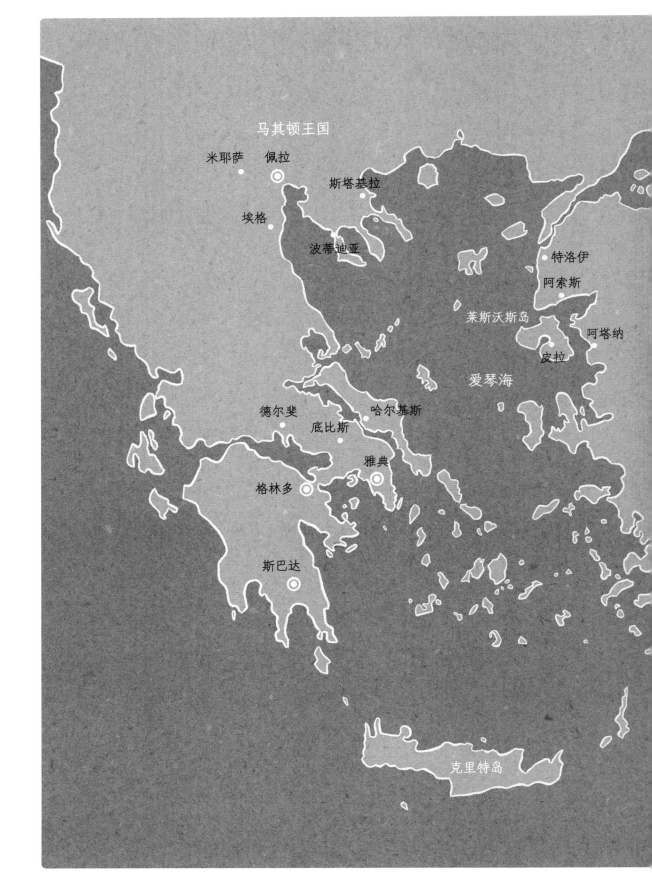

历史大事记

公元前5世纪：被称为"伯里克利的世纪"，是雅典民主的黄金时代。艺术和文学到达巅峰，城市处于经济、政治、社会、文化等多方面的发展巅峰。

公元前469年：苏格拉底出生。

公元前431—前404年：雅典和斯巴达之间爆发了伯罗奔尼撒战争，以雅典的失败告终。

公元前428年：柏拉图出生。

公元前399年：苏格拉底接受审判并被处死。

公元前398年：赫米阿斯出生，他是一位哲学家，同时也是亚里士多德的朋友。他后来成为小亚细亚阿塔纳的僭主①。

公元前389—前387年：柏拉图第一次旅居叙拉古。待他返回雅典后，创建了阿卡德米学园。

公元前384年：亚里士多德在马其顿王国的斯塔基拉出生。

公元前382年：马其顿王国未来的国王腓力二世出生，他是亚历山大大帝的父亲。

公元前370年：泰奥弗拉斯托斯出生。他是一位哲学家，也是亚里士多德的朋友和协助者，后来接替亚里士多德掌管吕克昂学园。

公元前367年：亚里士多德前往雅典的阿卡德米学园求学。

公元前359年：腓力二世登上马其顿王国的王位。

公元前356年：腓力二世和奥林匹亚丝的儿子出生，他是未来的亚历山大大帝。

公元前347年：柏拉图去世。亚里士多德离开雅典前往小亚细亚的阿索斯，受到赫米阿斯的庇护。

公元前345年：波斯人囚禁赫米阿斯，指控其与马其顿人勾结。亚里士多德接受泰奥弗拉斯托斯的建议，前往莱斯沃斯岛定居。

公元前343年：腓力二世要求亚里士多德担任亚历山大的老师。

公元前340年：赫米阿斯去世。亚里士多德为他写下了《美德赞歌》。

公元前338年：亚里士多德完成了对亚历山大的教育，亚历山大被任命为总督。

公元前336年：腓力二世被刺身亡，亚历山大登上了马其顿王国的王位，并准备继续进行对波斯人的泛希腊远征。

公元前335年：亚里士多德前往雅典，创办了吕克昂学园，在泰奥弗拉斯托斯和其他哲学家的协助下，从事教学与研究工作。

公元前334年：亚里士多德的女儿小皮西厄斯出生，她与其母同名。

公元前326年：亚里士多德的妻子皮西厄斯去世，他决定与家奴赫皮利斯一起生活。她为他生了一个儿子，亚里士多德以其父亲的名字为他取名为尼各马可。

公元前326—前323年：亚里士多德在吕克昂学园的密集活动时期，主要活动为教学、写作、研究。

公元前323年：亚历山大大帝去世，亚里士多德受到雅典的反马其顿势力的威胁。他前往哈尔基斯避难，住在母亲留给他的房子里。

公元前322年：亚里士多德死于胃病。

公元前318年：因为泰奥弗拉斯托斯，吕克昂这座哲学学院被称为"漫步学派"。

公元前310年：欧几里得写下《几何原本》。

公元前306年：伊壁鸠鲁在雅典建立哲学学园，他称之为"花园学派"。

公元前301年：来自季蒂昂的芝诺在雅典建立哲学学园——"廊下学派"。

---

① 起源于古希腊城邦。僭主与君主都是一个人统治城邦，但君主顾及并促进全邦人民的利益，而僭主则只关注他个人的利益，忽视全邦人民的权益。

让我们想象一下，曾经有一段时间，人们生活在地下。

……直到有一天，大地的封印突然解开，人们来到了地上……

……他们第一次看到了穹苍、汪洋、植被、走兽、云彩以及造就了白天与黑夜的太阳……

他们能看到，夕阳西下时，
赭红色的天空慢慢化为繁星点点。

他们也能看到月相变化和星辰位移。

他们相互感慨，
这个美妙的世界
确实值得细细探寻。

雅典，公元前315年。

别忘了亚里士多德说过的话，"对知识的渴求和对自然的探索是人内在的本性"。

泰奥弗拉斯托斯，你太幸运了，能与老师一起度过这么多年！

的确如此……亚里士多德改变了我的人生！他使我成为他的协助者和朋友，并在他去世前成为学园的校长。

这份传承中包含着重大的责任。

我们的学园，也就是吕克昂，是不是一直以来都被叫作"漫步学派"，散步者的学园？

不！这个绰号是最近才有的。

过去，这里只有体育馆、树林和吕基亚的阿波罗神庙，当然，这些现在也都还在。

亚里士多德喜欢在体育馆的走廊里给学生们上课。这些走廊也被称为"步道长廊"。

得到亚历山大大帝的资助后，我们租了一些场所作为教室。

我们有了实验室、图书馆，还有一些宿舍提供给来自其他城邦的哲学家和学生们居住，这种做法一直延续到今天。

但有些课程至今依然在步道长廊里进行！

因而得名，

"漫步学派"，

和"漫步哲学家"！

正是如此！

在课堂上，我会向你们介绍亚里士多德，谈谈我跟着他学习的那些日子，还有他在长谈中告诉我的关于他自己的事情。

对于这位来自马其顿的伟大哲学家，我将向你们介绍他所获得的荣誉和他所遭受的侮辱……

他对自然的热爱，他对长辈和祖先的尊重，他那些伟大的想法，他的理论……

修辞学家和智者长久以来持续对他发起的诘难，他作为一个外邦侨民①的担忧和恐惧……

以及他自身的缺点。

但我要先告诉你们一些必要的历史知识。

① 居住在雅典的外邦人并不享有公民权利。

12

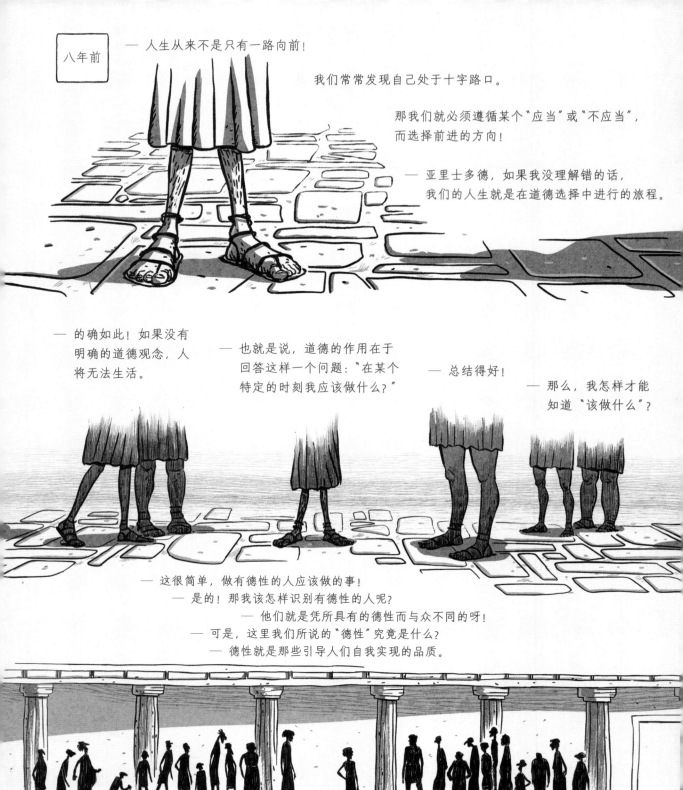

八年前

— 人生从来不是只有一路向前！

我们常常发现自己处于十字路口。

那我们就必须遵循某个"应当"或"不应当"，
而选择前进的方向！

— 亚里士多德，如果我没理解错的话，
我们的人生就是在道德选择中进行的旅程。

— 的确如此！如果没有
明确的道德观念，人
将无法生活。

— 也就是说，道德的作用在于
回答这样一个问题："在某个
特定的时刻我应该做什么？"

— 总结得好！

— 那么，我怎样才能
知道"该做什么"？

— 这很简单，做有德性的人应该做的事！

— 是的！那我该怎样识别有德性的人呢？

— 他们就是凭所具有的德性而与众不同的呀！

— 可是，这里我们所说的"德性"究竟是什么？

— 德性就是那些引导人们自我实现的品质。

— 那么，我怎样
才能成为一个
有德性的人呢？

— 关键就是避免两种极端：
过与不及。

人的根本德性就是"中道"，也就是说，在两个极端之间，
秉持一条执中之道。

为了做出恰当的选择，人必须谨慎地审时度势并做出判断。
当然，这样的能力可以通过接受教育、反复训练来获得。

你能给我们举一个恰当的
关于践行中道的例子吗？

当然，例如慷慨，
既不是挥霍也不是悭吝。

的确！
还有别的例子吗？

温柔，介于冷漠和愤怒之间。

亚里士多德！
刚刚从巴比伦传来的
消息，你知道吗？

巴比伦传来的？

亚历山大
大帝逝世了!

亚历山大大帝逝世了!

亚历山大
大帝逝世了!

亚历山大
大帝逝世了!

他真的逝世了?

亚历山大
大帝逝世了!

亚历山大大帝逝世了!

亚历山大,伟大的马其顿国王,继承先父腓力二世未竟的事业,征服诸城邦并一统希腊,随后又征服了小亚细亚。如今,他撒手人寰。

另外,在雅典,所有对马其顿王权心怀不满的人都想摆脱马其顿王国的统治,便趁势起来反抗。

德莫菲洛斯，

德墨忒尔女神的祭司，负责厄琉息斯秘仪①。

以及欧里梅敦，

他来自修辞学家伊索克拉底的学校，跟克吕昂学园是竞争者的关系。

二人都想要除掉亚里士多德。

你听说了吗，欧里梅敦？

亚历山大已经死了！

我听说了，德莫菲洛斯。但这个消息可靠吗？

或许这只是一个谣言。就像底比斯城被毁的时候。你还记得吗？

我当然记得！那一次他们误以为亚历山大死了，于是发起暴动。结果，他们被亚历山大砍成了肉泥！

但这一次，千真万确！

亚里士多德都收到了信！

亚里士多德？

哼！

那么，我们为什么不直接对他下手呢？

说清楚点！

据说你掌握一种秘术，能够抹去不受欢迎的人？

没错，可是……

我们需要找到一个指控者，一份凭据，一些……

那……

……你来做这个指控者！

我？

---

① 古希腊时期位于厄琉息斯的一个秘密教派的年度入会仪式，这个教派崇拜德墨忒尔女神。

而且，还有比亚里士多德为赫米阿斯写的颂歌更好的凭据吗？

但那是十五年前的事情了。

那又怎样？

为一个过世的罪人写诗，这既是邪恶也是不敬，难道不是吗？

确实，但是……

看，就是这个！

听着！

"德性啊，多么美好，艰难努力，毕生追求！为了你，死亡也是一种甜蜜的命运！德性啊，为了追求你，所有希腊人都投身其中，不惜一切！"

等等，等等。

你听到了吗？

呃，是……

赫米阿斯还是马其顿人的朋友！

确实是这样，但……

你怎么回事？你到底有没有搞清楚情况！

呃，是的……你是对的。

这是罪恶，是严重的不敬神！

亚里士多德必须被指控，被审判……

……被处死！

此后，在阴谋家们采取行动之前，
我找到了亚里士多德……

那么，你想好了吗？
马上动身出发？

唉，是的，
泰奥弗拉斯托斯！

既然现在亚历山大大帝死了，我便无法再留在雅典。

这里的人们对马其顿人的
恨的确在日益加深！

是的，而我恰恰就是马其顿人！

此外，我不希望雅典人
第二次对哲学犯下罪行。

第一次是对苏格拉底的审判?

是的。

那你打算去哪里?

去哈尔基斯,我母亲在那里给我留了一块地。

你要带赫皮利斯和孩子们去吗?

当然!我的家人、仆人、手稿……

我们要搬家了。

再一次……

而这次可能是最后一次了……

我回来之前,学校就交给你了!

几天后……

第一辆车上坐着赫皮利斯，她当时大约三十岁。怀里抱着她两岁的儿子尼各马可，车上还有亚里士多德十一岁的女儿皮西厄斯。

告诉我，亚里士多德，雅典对你意味着什么？

雅典？一座庇护了我三十多年的伟大城市！
但它美丽的背后却也掩藏着丑陋：
那些奸佞，那些专门诽谤人的家伙！

驾！

—— 你在想啥呢，亚里士多德？
—— 赫皮利斯，感谢还有你陪伴在我身边。
—— 这是我应该做的！

—— 你问我在想什么……
我在回忆我第一次来雅典的时候。
我当时才十七岁，是一个从乡下来的小伙子。
对这座城市和它的子民，我早有所耳闻，
但一看到它，我还是完全被它迷住了。
在我看来，一切都是那么宏伟、那么辉煌！

一切在他看来都是那么宏伟壮观，那么辉煌夺目！

无花果——

水蛭——

新鲜的鱼！

不懂几何者不得入内

"不懂几何者，不得入内！"

啊！这就是柏拉图阿卡德米学园的大门！

亚里士多德出生在位于马其顿的斯塔基拉城。他父亲尼各马可是马其顿国王阿明塔斯三世——也就是亚历山大大帝的祖父——的宫廷医生。据说他的父母是药神阿斯克列比亚斯的后裔，他们在亚里士多德很小的时候就去世了。

他的一个亲戚，名叫普罗克西诺斯，收养了他。他们住在位于特罗德的阿塔纳城。在这个亲戚家，他度过了自己的少年岁月。也正是这个亲戚，鼓励他进入阿卡德米学园深造。普罗克西诺斯家的藏书中也有柏拉图最早的那些对话录。

对话录是一种特殊的哲学著作体裁，它们看起来像戏剧，其中记载着伟大的哲学家苏格拉底的教诲。当然啦，亚里士多德作为一个勤奋的学生，经常反复阅读这些书。这使他无比熟悉这些对话发生的地点：通常是雅典的市集、体育馆或上层人士的家中。

他也很熟悉对话录中影射的"内战"，即伯罗奔尼撒战争。他在对话录中读到了其他人，包括智者普罗泰戈拉、高尔吉亚、希庇亚，以及当时的政治家阿尔喀比亚德、尼西亚斯和卡尔米德等人的所作所为。在对话录中，他也发现了人类提出的热切问题：什么是道德行为？什么是教育公民的正确方式？法律的重要性在于何处？什么是最好的政府形式？

新来的？

呃，是的。

道德行为的定义是什么？

对公民来说，什么样的教育是好的？

什么是最好的政府？

法律的重要性是什么？

够了！

我是亚里士······

亚里士多德！

噢！

赫米阿斯！
见到你真好。

— 同学们吓到你了吗？他们对所有
新来的都这样，没什么恶意。

— 但愿如此！

— 普罗克西诺斯给我写了信。
我正等你呢。

— 你还记得我们在他阿塔纳的家里
滔滔不绝的谈话吗？

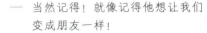

— 当然记得！就像记得他想让我们
变成朋友一样！

— 他肯定有这个想法！

— 很可能，哈哈哈！
也是他把我送来阿卡德米的。

— 是的，我知道！

— 我在这里待了快一年了，来吧！
我带你去见这里的主管。

柏拉图？

不是，是欧多克索斯。
他是一位数学家和天文学家。

柏拉图在他六十一岁的时候
又回西西里岛去了。

他试图说服叙拉古的僭主狄奥尼西奥斯一世
去实现他的政治主张！

— 我知道这些政治理念，
他在《理想国》中都讲了。
我读过这本书，你认为
柏拉图有机会实现他的
政治理念吗？

— 完全没有！
他二十年前就已经尝
试过了。一败涂地！

— 就是他被捕后被贩卖
为奴的那次？

— 对！所幸一个昔
兰尼人认出了
他，为了救他把
他买了下来，这
才让他能回到雅
典，创办他的阿
卡德米学园。

嘭！

啊！欧多克索斯来了。

欧多克索斯，这是亚里士多德，我跟你提过的……

我想，对于行星和恒星运动的研究，这二十七个天球就足够了。

嘿，小伙子，你觉得怎么样？

目前，我无法发表意见，因为我还不具备这方面的知识。等我获得这方面知识之后，我再回答您的问题。

哈哈哈！

没问题了，你已经通过了考试！

来吧，我带你去看看你的房间。

宿舍离教室非常近，几乎所有学生和大部分教师都住在这里。这样他们就既节省了上学路上的时间，又可以整天待在一起。

所以，在某种意义上，这是个封闭的小社会？

嗯，是有点，类似于克罗托内的毕达哥拉斯学派的组织形式。

房间还可以吧? 你喜欢吗?

一切都刚刚好!

那就好,你先安顿下来,我待会过来带你去吃饭。

谢谢你,赫米阿斯。

祝大家都有好胃口,亚里士多德和你们一个小组。

欢迎你!我的名字是色诺克拉底。

我是科里斯科!

我嘛,埃拉斯托斯!

我叫克里尼亚斯。

我是菲洛拉斯,我们是双胞胎!

你先坐吧,我给你拿点吃的。但从明天起,你就要自己搞定啦。

— 亚里士多德，你从哪里来的？
— 我来自斯塔基拉。

— 啊，那是哪儿？
— 就在哈尔基季基半岛，那是一个由
　哈尔基斯人和安德罗斯人建立的附属领地。

— 那你就是一个马其顿人！
— 对，我是马其顿人。
— 你的父亲好像是位医生……
— 是的，他是马其顿国王阿明塔斯三世的宫廷医生。
　但我的父母在我很小的时候就去世了，是一个住在
　阿塔纳的亲戚收留了我。他帮我管理家产，督促我
　的学业！这就是我今天在这里的原因。

— 你是在阿塔纳认识赫米阿斯的吗？
— 是的，他是我监护人的好朋友。
— 据说他是个阉人！
— 许多奴隶都是这样。
— 你的意思是他是奴隶？
— 是的，赫米阿斯是阿塔纳僭主欧布洛斯的
　奴隶。你不知道吗？多亏了他自身的优秀
　品质和聪明才智，他才赢得了自由。

— 赫米阿斯是一个很有潜力的人。
　直觉告诉我，他将走得很远！
— 嘘，他来了。

我提议明天上课之前，由色诺克拉底陪你去市集。
在那里你可以买到你需要的一切。

好的，
包在我身上！

我会去的，谢谢你！

色诺克拉底，你是雅典人吗？

不，我也是外邦侨民！我来自离拜占庭不远的加采东城。

你瞧见那边的围墙了吗？墙外面是公共墓地。墙里面有一些作坊，主要做陶器一类的东西。

那座小山丘，叫普尼克斯，是举行城邦公民大会的地方。大会召开时，雅典的五万公民都会前往那里。

它是诞生城邦重大决策的地方。

这座宏伟的建筑就是议事厅，是议事会召开的地方，也就是那个著名的五百人会议。

它的职能是起草议案提交给城邦公民大会讨论，并监管行政机构的六百多名行政官员，即执政官。

哈哈哈！我们这是在上课吗？

不，只是朋友之间在谈话！

— 好吧！继续我们刚才的话题，军方和司法部门的领导层是怎样的？

— 我正想跟你说！

— 洗耳恭听。

— 十位将军不需要经过抽签就可以担任执政官，他们领导雅典军队并决定雅典的外交政策。

— 那么司法部门呢？

— 司法部门分为两部分：
一是民众法庭，由六千名来自社会各个阶层的陪审法官组成，他们是通过抽签选举被任命的民事法官。二是亚略巴古高等上诉法院，负责审判预谋类和宗教类犯罪。

我可以看一下吗？

当然。

你还想买点别的什么东西吗？

不了，我需要的已经买好了。

雅典的街道都非常狭窄，人们走出家门时都要敲门，以免开门时撞倒路人。

真不可思议啊。

嘭！

他本该敲门的。

30

在阿卡德米学园，主要教授的课程是高级数学。

柏拉图说，如果只是为了日常计算的需要，学一点几何算术的概念就足够了。但是这些知识只是为奴隶准备的。

如果想要提高人类的智性，就需要高级数学！
因为通过理解高级数学的概念，人们将会触及哲学和伦理学的概念。

数学和伦理学有一些共同点，
如"确定""秩序"和"对称"。

譬如说，统治者必须学习高级数学，因为它能引导哲学思考，
从而确保统治者能够以合乎道德的方式管理国家！

高级数学可能有助于哲学思考和良好的治理。但是，正如你所看到的，
雷欧达玛斯①，高级数学使我们学园陷入困境，学生们都走了。

---

① Leodamas，古希腊数学家，曾在阿卡德米学园学习和工作过很长时间。

学园也教授天文学。

正如你们在这个同心球模型上看到的那样，宇宙的中心是我们所在的这个静止的地球。而在其外部的天球上，是星体的移动，每一颗都在一天一夜中旋转一圈。

但为了展现水星、金星、火星、木星、土星的运动轨迹，我需要为每颗行星制作四个球体。事实上，它们都以一种不定的方式在同一个圆里绕圈。

最后，为了展示月亮的运动轨迹，我需要三个天球。太阳也要三个天球。所以，总共是二十七个天球！

二十七个天球……

欧多克索斯……

尽管你做了很详细的描述，但你什么都没有证明！

我的职责是观察现象，而不是证明现象！

你这样做太没有礼貌了。你不应该这样做。

恰恰相反，赫米阿斯！我认为欧多克索斯的工作很有价值，我只是提出了我的观点。

就目前而言，评判你的老师似乎有点为时过早。先认真听取他们的意见，努力学习吧！

我就是这样做的呀！

当然，那里也教授哲学……

"哲学"（philosophia）一词是由动词"philo"（友爱）和名词"sophia"（智慧）组成。智慧是对世界和各种事物的认知，它使得我们不仅理解现象，还可以辨别什么是好和公正。

这位老师是柏拉图的侄子斯珀西波斯，他是一位哲学家和数学家。

嗯！我看到了。

哲学家是热爱智慧并与其他人一起寻求智慧的人。

正如柏拉图所说，我们用精神感知的万事万物，都只是一个永恒不变的"理念"的影子，而这个"理念"就在理念世界中！

所以，真正的世界不是我们生活的世界，而是彼岸的理念世界！

嘘！

柏拉图的这套理论，我很想接受，但我不能。

等他回到雅典，你可以当面和他说，哈哈哈。

我想补充的是，唯一的真实世界是我们通过感官感知到的。

当然！

他听了一定会很高兴的！

我认为，为了获得知识、寻得真理，我们必须从对世界的经验出发……

这个世界不是别的，就是围绕在我们身边的、呈现于我们感官中的那个世界。

经验通过智性①的加工，便形成了……

概念、科学和技艺！

是吗？

呃……

你将来可以向你的学生讲这些，如果将来你有学生的话！

咔嚓

但我对此深表怀疑！

① 本义为心灵、灵魂，后引申为智性。古希腊哲学家阿那克萨戈拉以此来表述万物的最后动因。

阿卡德米学园并不强迫师生们接受柏拉图的理论。

相反，每个人都自由地发表自己的观点，同时与他人合作，推进各个领域的研究。

当然，时不时的小摩擦是不可避免的。

亚里士多德在最合适的时候来到雅典，进入学园，他在那里找到了允许他展示才能的老师和教学环境。这一切满足了他对知识的渴求，发展了他的思想，并支撑他构建起自己的理论。

他对过往和当时诸多哲学流派的观点理论进行了长期而系统的研究。在采纳或否定它们之前，他仔细研读了所有相关的文献。

他读完了在学园里能找到和能买到的所有书籍。他听讲，做笔记，整理总结，拟制提纲，但最重要的是他在学习，学习，再学习！

有一天

这能行吗?

反正已经告诉你了!
就说来不来吧?

算我一个。

皮琉欧尼卡
简直完美!

而梅丽莎
尤为甜美。

亚里士多德去了很久了,
你不觉得吗?

嗯……

是啊!

走去看看吧,
我有点担心。

因此，运动是隐德来希①，或者说，就是作为自身而运动的现实。

嗯哼，然后呢？

你的戒指很漂亮！

格莱克拉，仔细听我说，归功于隐德来希，质料才具有形式。

嗯……这质料真好！

缺乏形式的质料是不具有规定性的。

嗯哼，没有规定性？

听我给你解释。形式通过它的现实化而将质料变成某个东西，在此之前质料只是潜能上的这个东西。

好吧……再给我倒些纯酒！

通常来说，人们喝的时候会兑些水在里面。

噗嗉！

干吗？

咕咚咕咚！

你们干吗呢？

你跟她说什么呢？

好吧，我们已经说完了……我向她解释了一个理论。

哈，我真的喝多了，我可以看到重影！

是的，你喝多了，但他们是双胞胎！

① 亚里士多德的哲学用语之一，表示已达到的"目的"，潜能的"实现"，运动的"完成"。

大约两年后，在阿卡德米学园。

亚里士多德，你听说最新的消息了吗？

我听说了……

在斯巴达和雅典的帮助下，阿尔塔薛西斯的总督发动了叛乱。

不是！不是那个！

这之前，还有底比斯与斯巴达结盟对抗雅典。

柏拉图回来了！

哦！

并且斯珀西波斯召集大家在广场上集合！

立刻、马上！

好的，知道了。

可什么也看不见，什么也听不见啊！

走，我们去另一边！

在西西里岛挨过漫长且痛苦的两年，
我又重新回到了学园。

西西里岛，让我大失所望……

又是这样！

这就是为什么我决定不再离开，而是全身心投入学园中。学园管理得非常好，一直在接收新的学生。

你，小伙子！是的，就是你、短发、小眼睛、细腿，还戴着很多戒指的瘦小子，你叫什么名字？

我叫亚里士多德！离得这么远，您怎么看得这么清楚？

远处我能看得一清二楚，看近处的反而都很模糊。

所以，斯塔基拉的亚里士多德，就是你吗？

是我！

你是尼各马可和费斯提斯的儿子，由居住在特罗德地区阿塔纳的普罗克西诺斯抚养长大？

没错！您是怎么知道这些的？

— 哈哈哈！我还知道很多其他的事情！欧多克索斯、斯珀西波斯和其他人都给我写信聊起你！

— 哎哟，我明白了！我为我刚刚说的"又是这样"感到抱歉。话到嘴边就不自觉溜出来了！

— 没关系，没关系。此外，你也没有说错。二十年前，我在西西里岛已经失败过一次了，我本不该再犯同样的错误。"重蹈覆辙，非智者所为"。

— 老师，这话好像就是您本人讲的吧？

— 没关系，没关系。我还知道，你在阿塔纳接受的教育基于希腊的理想：个人的自由，对城邦公共事务的参与，平等……

— 是的，我的监护人对这一点非常重视！

在来到学园之前，我已经读过您的一些对话录：《拉凯斯篇》《卡尔米德篇》《申辩篇》……

很好，很好！

告诉我，你最喜欢《卡尔米德篇》中的什么？

您处理智慧问题的方式很清晰！

有人告诉我，你读了很多书。

从未停歇！因为我无法像有的人光通过听就获得知识。

每个人都有自己的学习方法。

在学园的图书馆里，我查找阅读了您的其他对话录，还有毕达哥拉斯理论和安提玛科斯的诗集。

不错，不错……

你怎么看待安提玛科斯？

我认为他的诗和哀歌诗人弥涅墨斯的诗不相上下，但他的诗更庄重。

在以他的情人的名字命名的诗篇《莱德》中……

很好，很好！

柏拉图不喜欢知识面过广的人，也不喜欢人们炫耀自己的学识或智慧。

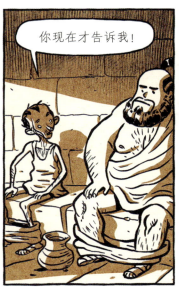

你现在才告诉我！

他还蔑视那些"汲取他人知识"的人。

那么，他写那么多对话录和文集，还让散发几百份的誊抄本，又是为了谁呢？他一个人就养活了一群抄写员！

当时，负责给学生诵读文章的奴隶被称为"阿纳诺斯特"，即"诵读人"。因此，任何说"我读过一篇论文"的人，事实上都只是听人念过。但是，亚里士多德则亲自阅读这些作品并加以研究。这就是为什么柏拉图嘲讽他，称他为"阅读者"。但这个做法慢慢地被他的同学和许多人采用。人们开始喜欢通过阅读而不是通过听来学习。

不知道自己的无知，乃是双倍的无知。

柏拉图还给亚里士多德起了另一个绰号："智性"。在他之前，哲学家阿那克萨戈拉就曾顶着这个外号，阿那克萨戈拉声称，是智性将混沌的一切变得井然有序。

这是你住的地方吗？

对。

我能进来看看吗？

当然，请进！

— 我在学园里学会了将所有现存知识按学科进行分类，以便在未来的研究中更方便地运用它们。

— 很好！我说你是学院的智慧是对的，你是天才！

— 你太夸张了。

— 一点也不，我对我说的话负责！

我认为柏拉图真的非常欣赏你。

话先别说满。

我还没有告诉他，我不同意他的"理念论"。

那么，你真的认为现在是时候告诉他了吗？

在我看来，亚里士多德具有敏锐的洞察力，善于学习，勤奋工作，是一个伟大的阅读者。

是的，但是……

在他之前没有人对知识按学科进行分类。

没错，但是……

这样每个学科都可以根据科学的方法分别进行研究。

很好，很好！

是的，但是……他还发展了异端观点，这……

什么？
异端观点？

泰奥弗拉斯托斯，这就是
为什么学园这个文人共同体
是如此的活跃。

它培养个人的反思能力，
接纳意见的自由表达，
并鼓励做研究！

说得没错。

但这并不意味着所有观点都必然被所有人接受，

也不意味着不存在嫉妒和对立。

来帮我一把，克力同！

让我来告诉你，亚里士多德所处的
时代里，雅典的教育是什么样的。

并结合一些历史和社会学的材料来说明，
当时雅典出现哲学思考是一种合理的公民精神诉求。

就像今天一样，只有男孩可以去上学。
学校老师教他们读和写，
基萨拉琴演奏家教他们音乐，
体育老师教他们锻炼身体。
最重要的是，他们接受了《荷马史诗》的熏陶。
之后，那些希望从事相关行业的人就追随特定的老师，
学习特定的技艺。而后，他们就会成为医师、
雕塑师、建造师或船舶技师等。

在智者出现之前，人们没有接受过系统的理论教育。智者们行走在希腊各地，教年轻人如何把话说得好，如何说服听众，并从中获得报酬。据他们的说法，届时，学生能够获得成功，就不再是凭借体能或勇气，而是通过发挥智性和理论能力。

哲学家们在这方面的看法与智者们是一致的，但哲学家的方法却更加理论化。他们追问真理，追问诸存在之所以存在的起源和原因，也就是问一个事物是什么，且为何它是如此这般的。

赢得希波战争后，雅典创立了第一次雅典海上同盟，联合了一百四十个城邦，从爱琴海东岸一直延伸到色雷斯和普罗庞提斯沿海。这些城市向雅典进贡，以获得其"庇护"。
由此，雅典成为希腊最大的军事、政治和经济力量。

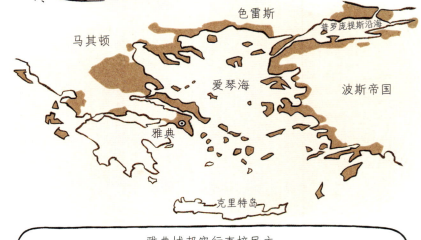

此外，雅典实行直接民主，有投票权的是全体公民，而不光是选民代表，这对公民素质就有极高的要求。

雅典人认为，学习政治学、社会学和伦理学是非常有必要的，这样才能完成城邦赋予他们的使命。从此，权力就掌握在那些能够说服最多公民的人手中。

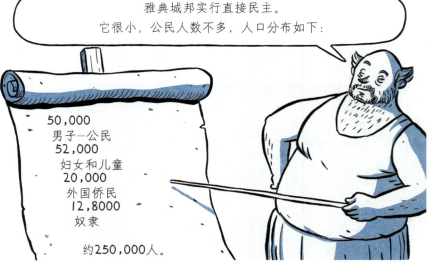

雅典城邦实行直接民主。
它很小，公民人数不多，人口分布如下：

50,000
男子—公民
52,000
妇女和儿童
20,000
外国侨民
12,8000
奴隶

约250,000人。

因此很有必要学习修辞学，这是一种演讲和辩论的艺术。

为了教授它，修辞学家、智者和哲学家纷纷拥向雅典。他们的课程涵盖了许多领域，既满足公民的日常需求，也满足他们对知识的渴望。

在那时，人们关心在家庭和城市中人与人的关系，关心法律的实行，关心如何获得幸福。

但与此同时，雅典由于干涉盟国内政，引起了盟国不满。

斯巴达则对雅典的扩张政策持否定态度。

再加上波斯不再构成威胁，你们就更容易理解盟国的起义，以及后来雅典和斯巴达之间为什么爆发伯罗奔尼撒战争了。

这三十年的内战削弱了所有的城市，但尤其为雅典的伟大敲响了丧钟。

然而，正是此时，悲剧、喜剧、历史编纂学、艺术，当然还有哲学在这座城市蓬勃发展，吸引了越来越多来自地中海各地的艺术家和学者。

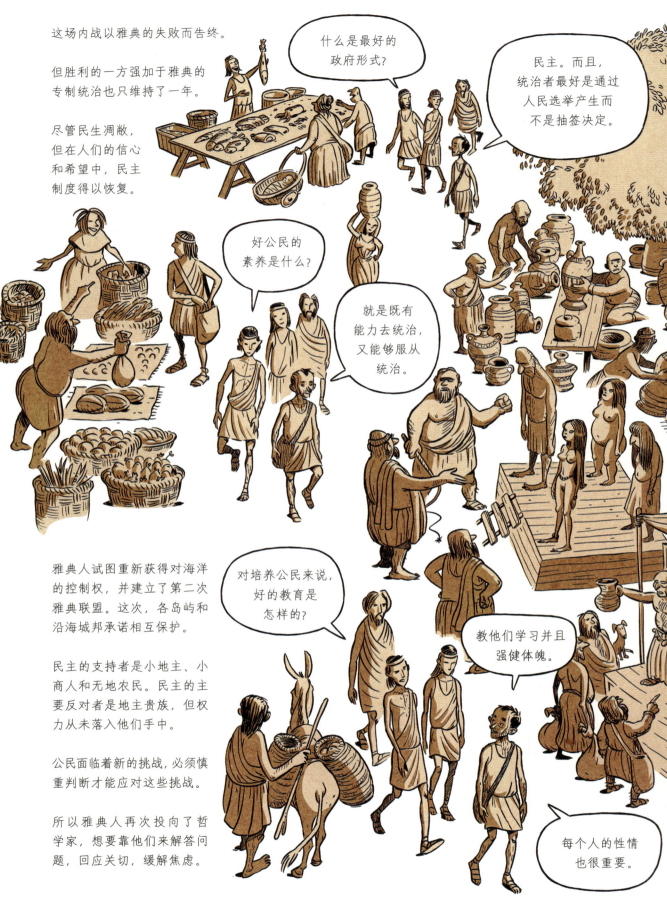

这场内战以雅典的失败而告终。

但胜利的一方强加于雅典的专制统治也只维持了一年。

尽管民生凋敝，但在人们的信心和希望中，民主制度得以恢复。

雅典人试图重新获得对海洋的控制权，并建立了第二次雅典联盟。这次，各岛屿和沿海城邦承诺相互保护。

民主的支持者是小地主、小商人和无地农民。民主的主要反对者是地主贵族，但权力从未落入他们手中。

公民面临着新的挑战，必须慎重判断才能应对这些挑战。

所以雅典人再次投向了哲学家，想要靠他们来解答问题，回应关切，缓解焦虑。

什么是最好的政府形式？

民主。而且，统治者最好是通过人民选举产生而不是抽签决定。

好公民的素养是什么？

就是既有能力去统治，又能够服从统治。

对培养公民来说，好的教育是怎样的？

教他们学习并且强健体魄。

每个人的性情也很重要。

柏拉图，人们渴望学习。也许我们应该扩建学园并雇用更多的教师？

我也想过这个问题，但现在的状况不便扩大投入。此外，马其顿那边也发生了一些事情。

说到马其顿人，我觉得亚里士多德现在已经可以教书了。他同我们一起快十年了！

完全同意！但他可没等我们同意，自己早就开始教书了！你来看……

要做好课堂笔记和阅读笔记，制作大纲，进行专题性总结。

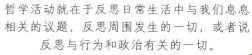

哲学活动就在于反思日常生活中与我们息息相关的议题，反思周围发生的一切，或者说反思与行为和政治有关的一切。

我们都想凭借感官对世界的观察，从而获得知识。

然后，这些知识会在智性的作用下，达到真理。

解释一件事或一个现象的发生，
主要有两种方式：
一是确定其质料因，即它的发生是"通过什么"；
二是确定其目的因，即发生是"为了什么"。

举个例子，并以此两种方式解释它。
法尼亚斯，
为什么会下雨？

呃，
因为有云！

对，云就是
下雨的质料因。

那，李康德尔，为什么会
下雨？你来用另一种方式
回答这个问题。

是为了浇灌
大地，使我们
有水可喝。

好样的！看来你们已经明白
两者的区别。

那你们觉得哪个答案更好？

也许是
后者？

没有水，我们
就不会存在，
自然界也不会
存在。

非常好，我们继续。

如果我们想了解世界，就必
须了解在其中的一切。想象
一下，世界是一个像这样的
筐子，里面装满了东西。

如果试图理解筐子是
什么，却忽视它里面的
内容，那我们将
一无所获。

但反过来，当我们解释了
筐子里的一切，我们就会
理解关于世界的一切。

？？？

让我们清空它！

而这个
筐子……

……就对
我们没用啦。

世界这个筐子里有的，正是我们周围所见的一切——
物件、植物、动物、人——我们称之为"诸存在"。

任一存在都有其本质特征，
使其区别于其他存在。

"本质特征"，赋予存在其命名，
构成了存在的本质。如果丧失了本质特征，
存在也就消失了。

存在还具有"偶性"，但如果偶性消失，
存在也不会消失。

比如？

看这盏黄色的油灯！

如果我们把它
涂成白色，它仍
会是一盏油灯。

因此，颜色对灯的
存在而言不是
必要的。

正是如此！
颜色就是一种
"偶性"。

但如果我打碎了油灯……

咔嚓

就只剩下碎掉的
陶片了。

因此，灯才是这一存在的实体，即它的"本质特征"！

存在，像树、桌子和家具之类具体的东西，或者像正义、怜悯这类抽象的概念，在语法上都是主语，而偶性则是谓语[1]。

偶性并不能就其自身而存在，它们只是描述着主语。

单独的"白色"并没有本质的意义，但"白色的油灯"，有意义。

啊，老师，你刚才教给我们的东西才值得我们去学习哲学！

① 在古希腊语法中，一个句子包含主语和谓语两个部分，一切修饰主语的短语都是谓语。谓语负责陈述主语的动作和性质、状态。本书中出现的"谓语"一词皆属这一概念。

当亚里士多德使用"分析的"这一词时，他想表达的意思是，"逻辑的"。

对他来说，这不是一门科学，因为它没有特定的研究对象，但它规定了我们思考、理解、辩论的规则。

可以说，它是获取知识的工具。

换句话说，是哲学的工具。

这两种说法都对。

亚里士多德还认为：语言，即话语，反映了世界的结构。

因为正确的语言可以表达正确的思想方式，而正确的思想方式则揭示了世界结构的要素！

让我们举一个例子。克力同，说个简单的句子！

呃，希波克拉底是医生！

不错，这是个简单的句子。

它把主语"希波克拉底"和谓语"医生"联系起来，"希波克拉底"是个体，"医生"则是一种具有普遍性的事物。

存在通过质料和形式来确定自身，这两种要素又互相联系。

质料本身是没有形式的。让我们想象一块黏土，我们用它捏出一个东西，一个由黏土制成的物品就诞生了。

如果我们现在把使事物成为其自身的诸特性整体称为"形式"，在我们所举的例子中，就是这个白陶杯。

我们就会明白，这个存在，也就是这个杯子，是质料和形式的结合。它的质料和形式永远无法单独存在。

因此，以希波克拉底为例，他的质料是肌肉、骨骼，而他的形式，也就是他自身的特征，即他是一名医生，个子很高。

正是如此！这不仅适用于可感事物，在精神的事物中我们也会区分出质料与形式。

譬如说，

《伊利亚特》的质料是阿喀琉斯在特洛伊的愤怒给希腊人带来的伤害，而荷马所写的史诗是它的形式。

最后，我们来讲讲"诸范畴"，它们是谓语刻画主语时，对主语进行谓述①的不同方式。

首先，我们可以把事物当成一个实体。实体反映了它所具有的个体性，"范畴"是可以用来描述个体性的东西。让我们将这种方法应用在这条狗上，埃托洛斯，听着点！

实体	这条狗
质	棕巴毛发
量	约12肘长
关系	泰奥弗拉斯托斯的狗
时间	午后
地点	前门
姿态	坐着
状态	饥饿
施动	摇尾巴
受动	馋

"诸范畴"也可以是深化对存在的认知过程中，我们发问的维度。

① 用谓语来说明、陈述或表达主语的过程。

— 你讲的"理念"，亚里士多德称其为"形式"，并将其与质料联系起来，从而构成存在。

— 在一些观点上，我和他有分歧。但他的很多观点我非常赞同！

— 但是……还有就是……

— 什么？

— 他在自己的房间里收集小动物尸体，还将它们开膛破肚！

— 他为什么这么做？

— 他说他在"解剖"，为了了解动物的内部构造。

— 太恶劣了！

— 此外，他还搜集了不同城邦的政体情况！

— 这是为了做什么呢？

— 他对其进行整理，随后进行分析和对比……

— 他在浪费时间！我现在就去和他谈谈！

— 菲洛拉斯，你是知道的，关于某个存在的知识就是对它的实存、本性、条件的确信，而这种确信建立在论证的基础上。

你还记得那天斯珀西波斯很生气吗，因为我说从经验出发，智性才从中逐渐提炼出一些概念，发展出科学。

— 当然记得，他气得大吼大叫！

— 如今，却不再有人怀疑人类可以通过科学获得可靠和有效的知识，它是……

打住，亚里士多德，我们到了！

由有效命题构成的系统，关乎明确的对象，如数学、物理学、医学等。

奢华高贵阁
公众与私人的盛宴

你明白你们刚才做了什么吗？

做了什么？

你们已经做出了一个推理，还是演绎性的！

行了，你该放松一下！

我们是来玩的啊！

不要再说这些哲学了！

没事，我就只说一句。

当试图分析由感官传来的信息时，智性就会动用推理。而推理是思想的运行方式，它从多个命题中推导出一个单一的命题。

如果被称为"前提"的那些起始命题的内容为真，结论就会是真的。如果它们是假的，结论也会是假的。

我们已经知道，结论为真！

你说的是什么结论？

— 我们讨论的是卡利达呀，她非常漂亮！

— 在这方面，根据思想的运作模式，推理就被……

— 要不要我告诉你，当我看着卡利达时，
我的思想是如何运作的？

— 分为两类：演绎推理是从一般前提开始，
得出特定结论。例如，刚才关于卡利达的推论；
而归纳推理，则是从特定的命题出发，
得出一个一般的结论。
我建议，再给你们举一个演绎推理的例子？

— 我建议，你不要再打扰我们了！

听我说！人都会死，克里尼亚斯和菲洛拉斯
是人。所以，克里尼亚斯和菲洛拉斯会死。

滚开！
你这个扫兴鬼！

你这个笨蛋！难道这是
你能想到的唯一例子吗？

不不不！我还有一个
归纳三段论的例子！

哈哈，
哈哈哈！

如果我们只看到白色的天鹅，我们就归纳推论出：所有的天鹅都是白色的。
直到有一天，我们看到一只黑天鹅，这时先前的结论就成了假的。

你看看那边，亚里士多德，
那是一只黑天鹅吗？

归纳论证确实比演绎论证要弱。

好吧！我竟
然无言以对！

但是，他到底
为什么如此
吸引异性？

他肯定具有我们
不知道的"偶性"！

他该不会继续跟
卡利达讲那套推理、
结论和隐德来希的
东西烦她吧？

任何强大的军队，无论离我们远还是近，都是敌军！

腓力，我的国王，您已经击溃了培奥尼亚人、伊利里亚人、色雷斯人及哈尔基季基半岛的诸多城邦……为什么还要为这些远在天边的敌人费心？

因为我深谋远虑！

既然安提帕特提到了哈尔基季基半岛的城邦……顺便问一下，您打算怎么应对斯塔基拉和奥林索斯？

如果我现在攻击它们，我就会与雅典发生冲突，但雅典是我们的盟友。

并且同时也会与其他城邦起冲突，这不是我想要的！

希腊中部和南部的所有城市已然被削弱，我们的出击只会让它们的情况进一步恶化……

我希望的是它们团结起来，恢复战斗力，

利用它们的力量，为我远征波斯。

马其顿的名字来源于它的一个名叫马克德诺斯的祖先，他是伯罗奔尼撒国王的儿子。

马其顿人实际上是阿吉德人的后裔，来自特美尼德人的多利安部落。相传，他们的祖先特美诺斯是宙斯之子赫拉克勒斯的后裔。

亚里士多德的父亲是阿明塔斯三世国王的一名宫廷医生。国王阿明塔斯三世和他的儿子腓力二世，即亚历山大大帝的父亲，都是杰出的战略家、政治家和外交家。

在他们之前，马其顿是一个落后的国家，由农民和牧民组成，没有任何真正的政治架构。阿明塔斯三世和他的儿子腓力二世将马其顿王国转变为希腊世界的一个大国。他们的标志符号是一轮有十六道光芒的太阳。第一个首都是埃格，而后迁都佩拉。

在伯罗奔尼撒战争以雅典的战败告终后，阿明塔斯三世决定与当时崛起的大国底比斯结盟。他派他当时只有十四岁的儿子腓力作为人质，以稳固联盟。

这次被迫滞留的经历对腓力的教育和他人格的构建具有决定性意义。

他在派洛皮德和伊巴密浓达等卓越的将军身边学到了战争的技艺。

腓力成为国王后，他首先镇压了王国内对他王位的觊觎者们。然后，他通过精妙的军事行动、政治手腕和外交策略，消除了对马其顿王国构成威胁的不安定因素。在军事、行政、人口和领土等各个层面加强了王国的统一，使马其顿王国成为一个稳固的国家，势力范围也从原来主要控制的哈尔基季基半岛一直延伸到艾诺斯山。

为了巩固与伊庇鲁斯地区的摩罗西亚王国的关系，他娶了涅俄普托勒摩斯一世国王的女儿奥林匹亚丝；这一联姻给他带来了一男一女，亚历山大和克丽奥佩脱拉。在几个月的围城进攻后，腓力二世攻占了雅典在塞尔迈海湾的一个殖民地梅松。但他却在一次战役中，头部受重伤，失去了右眼。

他并不想用武力征服希腊中部和南部的城市。

因此，他以金钱为代价，赢得了每个城邦的"朋友"来支持他的政策。

他的目的是想要在他的领导下联合希腊各城邦，发动泛希腊地区民众，以对波斯人进行远征。

—— 我们要去普尼克斯吗?

—— 正是如此。而且,德摩斯梯尼今天还会在那发表演讲呢!

—— 哎哟!他又要抨击腓力二世和马其顿人了吧?

—— 他是一个出色的演说家。我们可能不喜欢他所讲的内容,但我们应当欣赏他演说的方式。

—— 据说他曾患有口吃的毛病。果真如此?

—— 是的,他以前讲话结结巴巴,还怕人多的场合。

—— 你们能想象他居然不能在公众面前说话吗?

—— 据说,为了治好口吃,他去了海边。浪声呼号使他能够模拟人潮汹涌的场面,他含着石子训练口齿,并增强自己的声量。训练奏效了!

—— 你们安静点,他要开讲了。

雅典的公民们啊！我希望，
我的话语能够使你们做出符合城邦整体利益的决定。
腓力二世是很狡猾，
但他并没有大家说的那么可怕！

之前，我就呼吁过，派遣一支强大的军队去
马其顿，袭扰腓力二世，阻止他入侵希腊南部。

但你们当初没有接受这个提议，看看
现在是什么后果？！他几乎征服了我们所有的同盟
城邦！包括阿姆菲波利斯和波蒂迪亚，他的军队
甚至最远已经到达了温泉关！

可是如今，一个绝佳的契机摆在我们面前！因为腓力二世威胁到了奥林索斯，所以奥林索斯请求我们派遣援军……

亚里士多德，
你在这里做什么？
德摩斯梯尼一讲话，
你就完蛋了！

你这个马其顿人给
我小心点，我们现在
是一点就炸！

我们必须派遣军队，在腓力
二世的领土上击败他，来给
我们的同盟城邦提供帮助。

不要担心。近来我
经常遇到这种情况！

这样做，就能够
打击马其顿人的士气，
使我们的家园故土
免于战火。

"我们的家园
故土"……
好漂亮的句子！

走！我们离远些，
我们打扰到别人了。

欧布洛斯病得很重！我不知道我能否及时赶到，但我要立即前往阿塔纳。

也许我会……

你会接替他的位置，我敢肯定！

赫米阿斯，你要成阿塔纳的统治者了！

再说吧！

如果将来你有任何需要，不论是什么，不论在何地，我都会为你和同学们挺身而出。

我会非常想念你的！

谢谢！

感谢你为我所做的一切，特别是当我刚到学园时。

我为你感到骄傲！

替我向普罗克西诺斯和他的家人问好！我们最近没怎么联系。

我一定带到！

旅途顺利！

再会了，朋友！

你在说什么？他当然尊重神灵，并履行所有的仪式的呀！

事实上，批评起我们来，他可是毫不客气，甚至对你也是如此！

你已经说过啦！

他喜欢显摆自己的学识，认为自己高人一等。

但他的学识造诣更高也是事实嘛。

他讲话很重，还毫无幽默感！

好说！我们想笑的时候会来找你的。

没有人理解他的理论！对他来说，研究困难的议题本身还不够，他还要用自己的讲述使它们变得更加困难！

我知道亚里士多德招来的钦佩多于喜爱，我也知道你为什么一直说他的坏话。

别担心！我会把学园交给你的！

并非因为你是最优秀的那个。而是，唉……因为法律这么规定的！

对啊，色诺克拉底！反马其顿的人在追捕我，这还不算什么，我的同行们还在诽谤我！

这是由其他因素导致的。

柏拉图已经太老了！

我真的觉得不够资格担任学园的负责人，我只想抛下一切，一走了之。

如果你这么做了，我就追随你一起离开！

龌龊的马其顿人！

嘭

嘭

！！！

快滚！

滚出去！

你败坏了我们的青年！

快逃，色诺克拉底！

啊！

普拉克西特列斯！对不起！我怎么进你的工坊来了？

你从后门进的！

你怎么了，亚里士多德？

像往常一样，反马其顿的人拿着石头等着我，我就跑了！

是德摩斯梯尼在煽动他们！

你受伤了吗？

没有！

但是，我好像打断了你的工作啊。

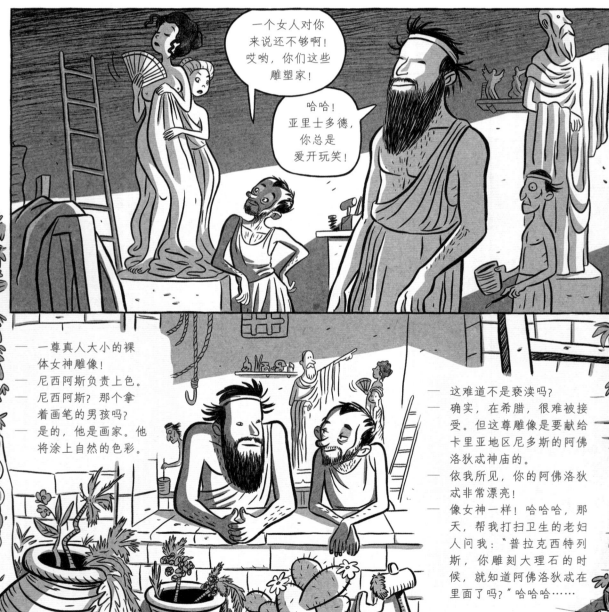

刚刚你给了我一个关于四因说理论的灵感。

我很高兴，技艺可以对哲学有所帮助。

反过来也一样！不要听信柏拉图说技艺会使我们远离真理！

路上小心！

谢谢你的招待。

再见了，姑娘们！

要是让我来画柏拉图和亚里士多德，我会让柏拉图指着天空，亚里士多德指着大地！

集中精神，专心作画！

"隐德来希"是诸存在完成其目的里的一种倾向，这个目的就是它们之所以被创造出来的原因。也就是说，隐德来希是存在的完满。

亚里士多德区分了四类原因，这些"原因"解释了某一事物为什么是其本身。在四因框架下，我们既关心事物的定义，也关心围绕事物所产生的各种现象。

"质料因"：是构成事物的质料、元素或基质。

"动力因"：是指事物在谁的作用下而产生。

"形式因"：是指一个事物整个的本质特性。这些本质特性使得事物的本性为理智所把握。

"目的因"：是指事物产生的目的。

四因：
· 质料因
· 动力因
· 形式因
· 目的因

"原因"一词可以理解为一种解释，它使得我们明确为什么"这个"是"这样"。

我有幸听过他讲"四因"的课。当时我刚到学园，还是第一次这么近距离地见到他！

我来举个例子。

想象一下，我们是在普拉克西特列斯的工坊里。

这位雕塑家想制作一尊阿佛洛狄忒女神的像。

两年后

伊索克拉底不断抨击
学园和我……

我希望你能站
出来驳斥他，

在大庭广众之下！

我的目标是捍卫阿卡德米学园在哲学上的
立场。我们认为哲学是卓越的自由知识，它研究非物质形式，
并对存在、知识、德性、价值、心灵等问题提供答案。

当人们相信表面无序的背后仍然存在着秩序时，哲学就诞生了。它不光分析现实，
还提出改进现实的建议。为哲学辩护的最好方法是证明它的必要性。

接下来，我将引述先前的哲学家们关于存在的真谛所提出的一些哲学问题。参考他们的著作绝对是有
必要的。因为他们也讨论过"原理"和"原因"，而如果我们能从中发现与我们的观点相同的地方，那就
可以印证我们的说法是恰当可信的。爱琴海东岸的爱奥尼亚学者们是最早为自然现象寻求逻辑解释的人，
而这之前的文明都是用神话和宗教解释一切。

爱奥尼亚的哲学家们相信，世界上的一切都来自单一的某种元素。起初，泰勒斯说这种元素是水。
后来，阿那克西曼德则认为，它是不定。阿那克西米尼则说是气，而赫拉克利特说是火。毕达哥拉斯
认为，是数。巴门尼德构想出了"动力因"；毕达哥拉斯和柏拉图则对何为形式发表了洞见。
如今，人们发觉被我称为"目的因"的那个东西非常重要，它对解释现象具有决定性意义。

通过对先辈哲学家的回顾，可以看出，前人既然也谈到"原理"和"原因"，那么
阿卡德米学园不仅没有背离他们，反而还发展了他们的学说。因为我们证明了
存在四个"原因"并明确了它们各自是怎样的。

最后，我要说的是，我们应该善加利用自然赋予我们的逻辑理性，专注于哲学！

我们需要哲学不是为了活着，而是为了活得更好！

哲学让我们看到世界本然的样态，也让我们看到它或然与应然的样态。

智性活动和德性生活将人引向幸福，这是人生的最高目标！

鼓掌 鼓掌 鼓掌 鼓掌 鼓掌 鼓掌 鼓掌 鼓掌 鼓掌 鼓掌 鼓掌 鼓掌 鼓掌 鼓掌 鼓掌 鼓掌 鼓掌 鼓掌

非常精彩的演讲，亚里士多德！

哦！科里斯科，埃拉斯托斯！我很高兴你们喜欢。

— 话说，那个来自埃雷索斯的男孩怎么样了？好像
　是叫……德尔塔莫斯？
— 蒂尔塔莫斯！你仍然记不住他的名字！哈哈哈哈！
— 这名字太古怪了！
— 因为家里出了状况，他匆匆忙忙回莱斯沃斯岛了。
　没来得及跟你打招呼。
— 我能理解！
— 我们之后都不能听你的演讲了，这很让人难过！
— 为什么？出什么事了？

— 我和科里斯科要去阿索斯……
— 它是阿塔纳的一个小镇。
— 赫米阿斯现在掌权了，他把一个实验室交给我们，
　让我们做动植物的研究。
　而且他还提供资金！
— 那很有意思啊！
— 这二十年间，我们已经学到了在学园中所能
　学到的所有知识！
— 确实如此，而你们在这二十年里也为学园
　增色不少。你们的离开将是学园的损失！
　祝你们旅途顺利！
— 在阿索斯，我们将一直期待着你的到来！
— 谢谢你们！

在此之前幸免于难的哈尔基季基半岛上的两座城市，斯塔基拉和奥林索斯，最终还是被腓力二世攻占并摧毁了。斯塔基拉，是亚里士多德的故乡；奥林索斯，被彻底地夷为平地，所有幸存下来的人被当作奴隶出售。腓力二世现在是马其顿、色雷斯和色萨利的绝对统治者。

他控制了潘盖翁山脉及其丰富的金银矿藏以及哈尔基季基半岛的所有矿场。他的野心在他的反对者看来已经昭然若揭。而在雅典，反马其顿的潮流达到顶峰，德摩斯梯尼当政。这种情况下，亚里士多德的处境变得尤为艰难。

哎哟，哎哟，哎哟，我的腰背！没想到知识这么重啊！

要知道，知识这种好东西必须在人与人之间流传。

从一个人到另一个人，从一代人到下一代人，从一个国家到另一个国家！

萨拉米斯岛是另一个国家？不！从这儿就可以看到那个岛！

唠叨够了吧？来吧，我们走吧。

所有东西都已装船，一切准备就绪！

我上过你的课，也研习了你的理论，不管别人怎么说，我认为你在根本上还是个柏拉图主义者。

哈哈哈哈哈！吾爱吾师，吾更爱真理！

我非常敬重他！他是一个先行者！他时刻不忘在智者、演说家和政治家各方之间去界定哲学家的角色。

我从不觉得有必要为哲学家的存在进行辩护。我登上了名叫哲学的小船，让自己随波漂流！

85

墨伽拉城

厄琉息斯

雅典

比雷埃夫斯港

萨拉米斯岛

埃伊纳岛

大约130年前①，著名的"萨拉米斯海战"就发生在这里。300艘波斯人的船以及船上的全体成员在此葬身海底。这次战役和普拉提亚战役奠定了希腊人的胜局，希腊人最终赢得了对波斯人的战争。

由于命运的安排，埃斯库罗斯，历史上第一位伟大的悲剧诗人，参加了这场战争。那时候的索福克勒斯，这位日后将成为历史上第二位伟大悲剧诗人的年轻人，参加了雅典的胜利庆典……这一天，历史上第三位伟大的悲剧诗人欧里庇得斯，在萨拉米斯岛出生了。

准备下船！我们已经到了。

欢迎！欢迎！

如果我没有记错的话，上次我来这里的时候，我们一起探讨了质料、形式以及四因。

你这么说那就应该是吧！

不过，二号，你还记得吗？

不不不，一号，我不记得了。只有十二号记得！

我有点忘了，为什么你们用数字来指代自己？你们都没有名字吗？

我们确实有名字，但我们这些人长得很像。而且有了数字标号的话，会更容易把我们区分开来！

我们每个人都分配有各自的位置，一旦坐下来，我们就知道谁是谁！

哪有人分得清啊！

① 公元前480年。

十号和五号，请你们坐下！开始讲课了！

这三天的时间里，我们将谈论自然、运动、时间和我们身处其中的宇宙。如果我们还有时间，我们还将讨论一点气象学。

好的，但请尽可能讲得再简单一些！

别丢人现眼了，三号！

那行吧！自然就是处在运动中的诸存在整体……

能讲得再简单点吗？

阿塔罗斯，不许笑了。

在自然界中，有的存在是有生命的，它们自己就能够运动；但也有些无生命的存在，只有在外力的推动下才运动。

为什么是腿动？

不是腿动，是推动！你听错了！

次日

自然的基本特征就是运动，而运动是从某处开始，又终结于某处。

我们所说的"运动"是指任何变化或转变吧。因为，从某种意义上说，它们也是"运动"。

十二号，你说这话，真让我感到惊讶！

你上次也这么说的！

今天，我完全昏头了！

我从昨天就开始了！

那我们其实应该改名"昏头学者圈"！

存在可以发生位置上的变化，即位移。

嘿！走开！

也可以发生实体上的变化，比如，当我们面对生命的生成或凋亡时。

不要说这些不吉利的事情！

或者在性质上改变，即它改变颜色、外形……

我亲爱的九号，你的秃顶更严重了！

最后，存在还可以在量上发生改变，譬如，一个婴儿或一株植物长高的时候！

科里娜真是长大了！看……这个漂亮的姑娘！

卡里普斯，你来替我继续讲吧？

啊！好的……我们知道，诸存在是由质料和形式构成的。质料里包含潜在的存在。这意味着它具有接受某种形式的可能。

形式是现实的存在，即在质料中完全实现了的存在。它规定着质料。

于是，我们便可以说，运动是存在从潜能到现实、从质料到形式的过程。

形式的完全实现就是隐德来希。

哦！看看哪，是科里娜！

究竟是谁会拥有她这具被规定的质料呢？

所以科里娜也有个"隐德来希"！

展开说说！

我补充一下，我们也可以把一个存在的运动定义为被隐德来希，即被一个实现的存在规定的过程。

看来他改良了他的理论。之前在格利西拉，他说的是："运动是如此这般进行运动的隐德来希或现实。"

只是换了一种说法而已！但谁是格利西拉？

这不重要。

第三天

昨天我们谈到了"自然"运动，它总是笔直和垂直的。今天我们将讨论"非自然"运动。

我们可以讲得简单一点吗？

譬如说，你抛出一块石头，就强加给它一个对它来说非自然的运动。

扑通

强制运动只有在外因、外力的介入下才会发生……

它改变了石头的自然运动，使它的运动轨迹呈现为一条曲线。

扑通 扑通 扑通 扑通 扑通 扑通 扑通 扑通 扑通 扑通

不要再扔石头了！

这是为了观察曲线！

卡里普斯，还是你上吧，拜托了！

阿塔罗斯，去叫他们过来吧！如果他们拒绝前来，就让他们的妻子去叫他们。

别闹了！休息结束了！大家坐下来！下面我们要讲时间的问题。

所有运动都以其持续的时间来衡量，也就是说，以运动完结所需的时间来衡量。

因此，你们就可以理解，没有时间，运动就不存在，而没有运动，时间也不存在。

每个诞生的生命都会在一段时间后死亡。

你怎么就单单看着我？

请你告诉我，八号，如果我在你还是黑发的时候拍了拍手，你会怎么说？

我会说那时候你还是个孩子！

如果我在看到你的白发时拍了拍手，你会对这种变化做何评价？

月下世界再往上，穿过月球所在的天球，就到了月上世界，瞧！一切都不一样了！

在那里，是绝对的寂静、有序与和谐，只有天体在做着规则且永恒的圆周运动！

这是恒星所在的天球，也是最后的天球，也被称为"第一重天"。它在一天一夜的时间里完成自己的完整转动，并推动其他天球。

我们说这些星体是"恒定"的，是因为它们围绕地球运动时，总是保持着相同的时间间隔。

现在是晚上，所以我们看不到太阳。它所在的天球就在金星的天球外。

呼噜……

快醒醒！看这独特的奇观！

我怎么没看到金星呢？

废话！你看的是海洋而不是星空！

太阳的运动是季节变换和草木生长的源头，也是地球上生命的来源。既然天体做的是永恒的圆周运动，它们的运动就不会是"反自然的"。因为"反自然"的运动不具备这些特征。因此，它是一种"自然"运动。又知，地球上的元素，即土、水、气和火，四者自然运动是直线和垂直的。因此，构成这些天体的就是另一种元素，即第五种元素，其自然运动是均质且永恒的圆周运动。亚里士多德称第五种元素为"以太"。

次日早上

接下去的内容下次再说。

就指望您了！

我把这些手稿留给你们去研究气象学！

非常感谢您！我们两年前建成的收藏馆终于要迎来它的第一批手稿啦！

祝您一路顺风！

谢谢你们这段时间以来的款待。

但愿雅典那边的事态已经平息下来了。

看起来好像真的是平息了！

啊，你们回来了！

出什么事了？

我没能及时通知到你。

柏拉图他……

前天……

我还去你房间找你，结果你在这儿啊。

柏拉图不仅有卓越的天赋和洞见力，他还是唯一一个集好人的德性和幸福之人的德性于一身的人！

我必须告诉你一件事……

— 什么？
— 他的侄子斯珀西波斯获得了阿卡德米学园的管理权。
— 我料到了！
— 法定继承人是最近的亲属，而柏拉图自己没有孩子。
— 继承学园，这没问题，但学术也由他负责吗？

色诺克拉底，你曾对我说，如果我离开雅典，你会跟我一起走。
你依然这么想吗？
— 当然，我一直如此！
— 那么，收拾你的行囊。我们去阿索斯，找埃拉斯托斯和科里斯科会合吧。另外，也跟赫米阿斯说一声。

次日早上

阿索斯

雅典

莱斯沃斯岛

在阿索斯

欸，赫米阿斯！不仅因为斯珀西波斯和雅典的政治局势……我其实本身就很想离开学园。

我没有时间再写作，也没有时间处理所有我感兴趣的研究课题，比如，对动物和植物的研究。

哎呀，你在恰当的时间出现在恰当的地点了！这些正是埃拉斯托斯和科里斯科正在进行的工作。

感谢赫米阿斯的慷慨支持。我们建成了一个实验室。

我们在这个地区收集植物和动物并记录我们的观测结果。

然后，皮西厄斯将它们整理归档。

皮西厄斯？

她是我的养女。她对这些课题充满热情。去参观一下她的植物标本，你就懂了。

你好，皮西厄斯！

欢迎你！我的父亲和他的朋友们总是在谈论你！

你的父亲在我心中有一个特殊的位置，与我的父母和我的监护人并列。

至于我的朋友们，我对他们思念至深。

对了，我的监护人普罗克西诺斯怎么样了？他还在阿塔纳的广场上逮着个人就滔滔不绝吗？哈哈哈哈！

怎么了？

两年前他的妻子生完孩子就离世了。而他在上个月因悲伤过度而去世……

那孩子呢？

我要去阿塔纳！
你要不要先安顿下来？

色诺克拉底会处理的。

等一下！
我跟你一起！

阿索斯是莱斯沃斯岛的殖民地，与莱斯沃斯岛隔海相望。阿索斯是米息雅的一个城市，但米息雅及其首都阿塔纳则处于波斯人的霸权统治之下。赫米阿斯继承了米息雅僭主欧布洛斯的权力，一方面与学园维持着良好的关系，另一方面也与马其顿宫廷保持联系。他经常为腓力二世远征波斯人的宏大战略计划建言献策，并向他通报波斯人军队的动向。

与此同时，雅典出现了巨大的动荡。德摩斯梯尼掌权后，在演讲中不断强调腓力二世对希腊南部的入侵，以激起雅典人民对腓力二世的反感和抗议。亲马其顿派的领袖埃斯基涅斯则持相反的观点。老资格的演说家伊索克拉底试图通过演讲和信件说服腓力二世，让他作为全体希腊人的国王，率领军队发动对波斯人的远征。因为伊索克拉底知道，雅典再也无法领导这样的战斗了。

亚里士多德只是想忘掉这一切！雅典的政治局势、学园的变化、斯珀西波斯及其哲学课题、诡辩家和他们的话术、演说家们的喋喋不休……
在阿索斯，随着尼卡诺尔的到来，情况发生了变化。

伊姆罗兹岛

利姆诺斯岛

阿索斯

阿塔纳

莱斯沃斯岛

希约岛

他叫尼卡诺尔。

我的父母去世后，他的父亲成了我的监护人。那时候，我才十三岁。

我知道。色诺克拉底把这一切都告诉我们了。

他是孤儿，还这样年幼。我们应该对他多加照顾。

不用担心，我们都会照顾他的！

谢谢！

我听说过很多关于你的故事，但不知道你竟然是这样的一个性情中人！

也许是因为我不擅长表达自己的情感。

♡

你们已经收集了不少的材料呀！

当地的居民给了我们很大帮助。

不得不说，这一切都有点……杂乱！

我们必须整理一下！

来，看看我的植物标本集。

收集和描述，这只是第一步。

对于植物来说，这不难。

这个植物标本集很漂亮。

谢谢。

但是对于动物来说……

我们得研究它们的生命、食物、栖息地、天敌，

还要解剖动物尸体，观察其四肢、骨骼、组织。

水、盐和蜂蜜都有助于保存动物的标本。

无论如何，我们都必须精确地绘制我们所看到的，并对我们的结果进行分类。

这项工作可以交给我。

太棒了！另外，还要记录我口述的内容。

我感觉之后的工作不再是小打小闹了。

亚里士多德变了！

来，我给你讲讲奥德修斯在卡吕普索岛上的经历。

你之前答应过，要带我去雅典娜神庙。

是的，那我们现在就去吧！

神庙和卫城是我们这里的名胜。

我发现，你知识很渊博。

作为赫米阿斯的养女，我不能一无所知。

无论如何，我们得重新规整实验室。

你随时随地都在谈工作上的事！

① 此处译文摘自 [古希腊] 萨福.我看见了爱神[M].王命前，译.北京：北京燕山出版社，2014：144.

① 原文如此，以表现祭司醉酒后说胡话。

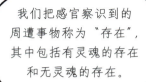

亚里士多德明白了皮西厄斯借诗传达的情意，但……工作第一。

我们把感官察识到的周遭事物称为"存在"，其中包括有灵魂的存在和无灵魂的存在。

植物、动物和人都是有灵魂的存在！

而我们把每一个有灵魂者汲取营养、生长发育、繁衍后代的能力，称为它的"生命"。

有灵魂者的质料，就是它的身体，而它的形式，则是它的灵魂。灵魂是运动的原理，也是生命存在的原因，是它规定了生命体的自然本性。

灵魂和身体不可分离。身体在潜能上具有生命，而这种潜能只有通过灵魂才能变成现实。因此，灵魂是身体的隐德来希。

在这个意义上，灵魂可视为有灵魂者所具有的功能整体。

灵魂的运动于心脏中完成。各种感官的刺激在心脏处与欲望交织，便触发行动。

要是你能感受到我心的跳动以及它此时的欲望，那该多好啊！

— 嗯……
— "夜幕从你的乌发中落下！"
— 萨福的诗？
— 不，是阿尔基罗库斯！
— 我爱你！

快去，去工作！

我特别开心！

而且还很幸福！

一切终于各就各位，莎草纸、短颈广口瓶……

物尽其用吧！

哦，你在解剖一只变色龙！

瞧它的血管。养分正透过血管内壁扩散到身体各处，就像没烧制好的陶锅渗出了水一样。

你买的猴子到了，我把它拴在了院子里。

亚里士多德对原始材料的需求是无止境的。他不满足于阅读已写成的文献材料，还向猎人、农民、渔夫等询问他们的所见所闻……即便别人告诉他的不全是实话。

正是在这个时期，他提出了"求知是所有人的本性"这一理论。并且他还说，如果人们喜欢每一种感觉，那么其中他们最喜欢的便是视觉，因为相对于其他感觉，视觉给人们带来的认知最多。

不，这是我皮西厄斯自己的诗！

嘻嘻，我爱你！

我亦如此，我爱你！

这是你第一次向我表明爱意呢！

不过，这不是我今天要说的唯一一件事。

是吗？还有什么？

我们对研究星辰运行规律的渴望是伟大的，但它们是如此遥远，我们的感官对此丝毫没有助益。

就是这个？

但即使是最微小的一项发现，也会让我们满心欢喜。

就像看到所爱之人衣裙的一角，就足以使我们充满喜悦！

你真是一个诗人哲学家！

你还留着童年时的玩具吗？

应该留下来了一些，怎么了？

是时候把它们献给阿耳忒弥斯女神了！

你说什么？

这里结婚的风俗不就是这么做的吗？！

112

赫米阿斯，我的长官。您有一封来自阿索斯的信。还有腓力二世的两个军官在等您。

带进来吧！

哈哈哈，我就知道！我也是这么盼望的！

哈哈……

咳咳，咳咳。

咳咳。

研究需要付出艰辛和汗水，但奇妙的自然造物带给我们的喜悦，让之前的辛苦都没有白费！

自从他决定结婚，他看什么都觉得开心！

亚里士多德，我们该如何处理拉伊卡？这只猴子真让人头大！

你们已经把它的习性观察并记录好了吗？

系啊，都弄奥了。[1]

所以一切都很顺利！我的朋友们，感到很幸福吧？

亲亲！

① 意为"是啊，都弄好了"。

婚礼以当地传统仪式举行。

"她美好的身体已洁净，穿上崭新的婚裙……"

献给宙斯和赫拉！
祝愿新婚夫妇健康长寿、幸福美满、多子多孙！

我亲爱的朋友们，今天对我来说是重要的一天！我将把我心爱的女儿嫁给我最亲爱的朋友。让我们为他们的幸福干杯吧！

恭喜！

献上最美好的祝福！

德摩斯梯尼说过："我们有兄弟并肩开创伟业，有妻子帮忙管理资产和生儿育女。"

哈哈哈……

柏拉图将人定义为"没有羽毛和角的两足动物"！

哈哈哈，有没有角，这还得商榷一下！

哈哈哈！

两年过去了，
我才刚刚知道
亚里士多德的到来。

他住在阿索斯，
而我就住在对面的
莱斯沃斯岛上的
埃雷索斯。

我迫不及待
想见他了！

所有的研究都必须从观察我们最熟悉的那些存在开始，
然后才继续研究不太为人所知的存在。因此，
在研究身体的各个部分时，就理应从
最熟悉的人体的各个部分开始。

科里斯科，你
站起来一下！

你要干吗？

人体主要由头、颈、胸、两臂和
两腿等部分组成。

但剖开人的身体，
观察里面的器官，
这太血腥了。

我可以
坐下来吗？

我怕你
割到我！

因此，为了研究这些器
官，我们只能通过解剖并
观察与人类相似的动物，
以此进行类比研究。

别去……他在工作！

我想问他
一个问题！

奥德修斯与卡吕普索一起待了多久，
在哪个岛上？

！

一共七年，在奥古吉埃岛。
我已经告诉你很多次了。

我还想再听一次！

很抱歉打扰你，
亚里士多德，
看看谁来了，
你肯定会高兴的。

老师！

很高兴见到你！

你怎么称呼……

蒂尔塔莫斯，我是蒂尔塔莫斯啊！

啊对，你还记得吗？我之前老叫你特里塔摩斯！

是的，你还叫过我别的名儿，但没关系，之后会叫对的！

皮西厄斯！皮西厄斯！

他想让你见见他的妻子。

他已经结婚了？！

过来一下，让我向你介绍我在学园的最亲爱的学生之一！特……特……特……

我是蒂尔塔莫斯，幸会！

欢迎你的到来！

你一定是个出类拔萃的女人，才让这个顽固的单身汉想要娶你。

她当然是！她和我们一起在实验室工作，还做了一个非常精美的植物标本集！

这确实妙极了！

来，请坐。

亚里士多德，亚里士多德……

我要求科里斯科把拉伊卡借给我玩，他说猴子逃跑了。

算了，算了，

啊呀呀！

赫米阿斯派人来送口信儿。

今天有这么多访客，让他进来吧！

阿塔纳那边的坏消息……波斯人已经逮捕了赫米阿斯，知道了他与腓力二世的关系。

那现在怎样了？

他会在波斯波利斯接受审判。赫米阿斯让我转告你，他没有做任何违背德性的事。

他还说，你应该马上离开阿索斯。作为他的朋友和亲人，何况你还是个马其顿人，你的情况岌岌可危。

太糟糕了。

大家跟我一起去莱斯沃斯岛吧！你们在那里会很安全。我在皮拉海湾有一个实验室，每个人都可以在那里继续进行研究。

皮西厄斯，我们必须搬家了！尽快收拾好行李和手稿……把孩子的东西也带好！

我们就不去了。我们怎么能放弃多年工作的成果呢？你能理解的，对吗？

我明白！

而我打算回雅典去……你能理解吧？

我理解！

— 我决定叫你
泰奥弗拉斯托斯!

— 泰奥弗拉斯托斯? 为什么不
可以呢, 如果你能记住的话!
哈哈哈哈!

— 谢谢你为我所做的一切,
泰奥弗拉斯托斯!

— 不客气!

在莱斯沃斯岛, 亚里士多德度过了一段幸福快乐的日子。宜人的环境, 家人的陪伴, 远离纷争, 都使得亚里士多德获得了安宁, 不用担惊受怕。

他想留在皮拉, 这个位于皮拉潟湖的东岸、到处都是橄榄树的小镇。

你还记得吗? 那一次我因为父亲的去世而匆匆离开雅典……

他是一个商人, 也曾做过洗衣匠。有阵子, 我不得不接手了他的工作, 但研究植物和哲学才是我真正的热情所在。

太好了!

你投身于植物学研究, 而我投身于动物学研究。我们都将自己献身给了哲学!

在皮拉, 我们建立了一个更大的实验室, 但比这里还大的真正的实验室, 是岛上的自然环境本身。
亚里士多德当时的主要兴趣是生命体的世界。对每一个生命体、每一个现象都要进行观察和描述, 以了解其"真理", 即它产生的原因。
亚里士多德整日观察山丘、海岸、沼泽和潟湖中的生命体。他经常带着皮西厄斯、尼卡诺尔和我一同前往这些地方。

我们知道，同一物种的生命体通过交配进行繁殖。

然而，有些物种似乎可以自体繁殖。

我在一些植物中也发现了这一点。

— 蠕虫、跳蚤、蚊子和许多其他昆虫在潮湿的地方发育，例如，在枯枝败叶里……

— 是的，如果你把面包、酒或肉放在一个潮湿的地方，你会看到各种生命体的出现。

— 这意味着，无生命的世界是极具潜能的！

— 或者说，无生命的世界和生命体之间不是毫无关联的！

这段日子使我开心的理由有两个：

其一，我邀请他来岛上没有给他造成任何不好的结果；其二，也是最重要的，作为他的同事、朋友和学生，我能待在他身旁，这是我以前不敢奢望的。

他记下自己的观察结果和当地人提供的信息；
皮西厄斯将这些内容记录在案；已经长大的尼卡诺尔则总是问东问西。

卡吕普索不同意奥德修斯的"返乡"是什么意思？

"返乡"是指回到自己的故乡。

啊……

那么候鸟的"返乡"是指它们离开我们这儿呢还是回到我们这儿呢？

嗯……

在某种意义上，哲学就是回答儿童提出的问题。

看来你刚才和尼卡诺尔待在一起！

分类工作有进展了吗？

有进展，这工作真的很有趣！

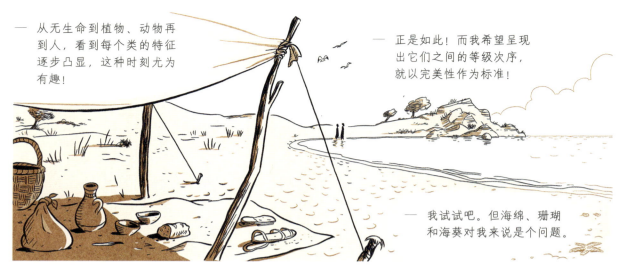

— 从无生命到植物、动物再到人，看到每个类的特征逐步凸显，这种时刻尤为有趣！

— 正是如此！而我希望呈现出它们之间的等级次序，就以完美性作为标准！

— 我试试吧。但海绵、珊瑚和海葵对我来说是个问题。

它们是植物，但你又记录它们有感觉，因为它们对触摸有反应。

呃，是的。那就把它们归入中间类，称它们为珊瑚虫，是"动—植物"。

有时我们很难划清物种之间的界线。

他仔细分析遇到的问题。

而他给出的解答体现了他天资聪颖、头脑清醒、洞察深刻。

在亚里士多德看来，自然界并非只有和平共处。相反，这是一个为生存不断斗争的世界。

之后不久

我终于完成了你要的图表。如果你觉得好，我就把它誊写工整。

！！！

太优秀了，简直完美，这就是我想要的！你太棒了！

你不仅做到了分门别类，还完美地展现了自然物中，从无生命者到人之间的连续性和层级关系。

对亚里士多德来说，连续性与自然界的实在是不可分割的。

此外，我们已经看到，连续是运动、变化、时间的要素。

但有时，让生活接续下去的是一封信……

一封信？

刚送到的！

"赫米阿斯给予了你极高的评价。这就是为什么我想把我儿子亚历山大的教育委托给你。
——马其顿腓力二世"

我们又要搬家了？

马其顿

佩拉　斯塔基拉

爱琴海

阿索斯

莱斯沃斯岛

阿塔纳

皮拉

我们搬到了斯塔基拉。而亚里士多德只身前往佩拉。

欢迎你，马其顿的哲学家！

我很高兴来到这里，我的国王！

昨天，我跟将军们说，亚里士多德不会晚到！今天，果然……我就知道！哈哈哈。

我是安提帕特。

我是帕曼纽。

幸会！

来看看你的新学生吧！

他正尝试骑上其他人都驯服不了的野马。

他只想做些常人做不到的事情，真是个难管的孩子！

喝葡萄酒不？

真没想到。他成功做到了！

天哪！还真是欸！

这么看，你的家人留在了斯塔基拉？

是的，他们和我的合作者泰奥弗拉斯托斯在一起。

我房子倒没受损。但是，我的国王啊，斯塔基拉这座城市已经被彻底毁坏了……

我知道，我知道！把泰奥弗拉斯托斯也叫来！你肯定会需要帮手。

你将来有的是机会去看望你的家人。当我去平定小规模叛乱时，我都带上亚历山大，教他带兵打仗。

你们猜怎么着……

那匹马之所以受惊，是因为看到了自己的影子！我把它头转过来面对太阳，它就平静下来了，哈哈！

亚历山大，过来，给你介绍亚里士多德，你的新老师！

然后我骑着它，去兜了一圈。

亚历山大，这是你老师！

看它的头长得像牛头，我就叫它"牛头"。

亚历山大！

哦，好的，老师好！

当然啦，今天的晚宴是为迎接你而设的，嗝！

谢谢！

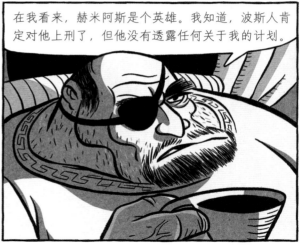

在我看来，赫米阿斯是个英雄。我知道，波斯人肯定对他上刑了，但他没有透露任何关于我的计划。

— 我希望我们能及时赶到，把他救出来。你怎么不喝酒，嗝！

— 没有啊，我在喝，在喝！

— 你知道，我曾在底比斯做人质，这段经历使我受益匪浅。伊巴密浓达、派洛皮德，嗝！这些伟大的将军都曾指导我。待我回马其顿时，脑子里已经有了无数的想法……

— 我建了"伙友骑兵团"，他们经过严格的挑选，发誓至死对我忠诚。

— 我听说了。

— 我还搞了个"王室子女团体"，跟你也有关。嗝！所有显赫家族的子女都与我的继承人一起成长，接受教育。朝夕相处使他们建立紧密的友谊。这些年轻人将是未来的官员。

— 这招很妙！

— 同时，他们被扣为人质，以防止他们的父亲们搞阴谋或发动叛乱，嗝！

— 这招够阴啊！

我知道。你不打算说点什么吗？

我正享受歌舞表演呢！

除了武力和外交，腓力二世还使用了其他征服手段，但我不赞成这些做法！

比如，所谓的王室的善举，也就是指贿赂和政治联姻。他已经缔结了六段这样的婚姻，还想搞第七段。

— 瞧！佩拉的市场是所有希腊城市中最大的。
— 安提帕特，我觉得我仿佛已经认识你很久了。

我知道，亚历山大以前的老师，尤其是他的母亲奥林匹亚丝，把他变成了自我膨胀的怪物！

但我希望我的儿子能接受希腊的古典教育，塑造他的性格，使他将来成为一个好的首领。

我们到米耶萨了，这里是"仙女花园"。田园牧歌般的环境对于搞研究再合适不过了。这里有一个体育馆，还有一个剧院。

— 这是上课的地方，从此亚历山大就可以**远离他的母亲**！他那些坏毛病都是从**她那里学来的**。嗝！他很依恋她，受她影响很大。你不打算说点什么吗？

— 我在认真听你说。

— 你就在这住下来，侍卫会帮你整理行李。完事儿后，我们再去喝一杯。关于你所提的要求……没问题！我会重建那座城市，让你那些被放逐的同胞全部回家！至于你，你的薪水将由王室支付！

— 我认真听着呢！

几天后……

我的母亲是英雄阿喀琉斯的后裔，我的父亲是大力神赫拉克勒斯的后裔。

在这两位英雄中，你更喜欢哪一位呢？

阿喀琉斯！我想成为阿喀琉斯。阿喀琉斯有最好的朋友帕特罗克洛斯，那么赫费斯提翁将成为我的帕特罗克洛斯。

赫费斯提翁是谁？

他是我最好的朋友。你明天跟学生会面的时候就会见到他了。

— 给我讲讲你之前的老师们吧？
— 那些教我阅读、写作、数学和音乐的老师都很无聊。我真正的老师是列奥尼达和利西马库斯。
— 展开说说！
— 前者是我母亲的一个亲戚，对我非常严厉。整天不是让我练兵器，就是长距离行军和骑马……
— 他对你有什么影响呢？
— 他使我变得坚强。我很能挨饿，且意志坚定。
— 那第二个老师呢？
— 利西马库斯？他教导我应当有雄心壮志。他理解我对《奥德修斯》的热情，鼓励我以阿喀琉斯为榜样。
— 你想再学习一些什么？
— 我喜欢地理、哲学、修辞和诗歌。
— 诗歌？有意思！
— 三年前，雅典派一些使者来求和，我父亲让我背诵了一首诗！
— 你还记得诗的内容吗？
— 当然！它特别长，你想听听其中的一节吗？
— 乐意至极！

"何人知晓自己将死之日？谁知黎明是否平安幸福？世间万物不停流转变幻，为人们带来欢笑与悲伤。"

品达！

品达是我最喜爱的诗人！

鼓掌

我的自然哲学理论正是基于"世间万物不停流转变幻"这一句。

这样啊，真的吗？

这次讨论很愉快。但我必须去备课了，明天就要开始上课了！

好吧，我开始喜欢你了！

这是件好事，而且我对你也一样。

再会！

第二天

我叫塞琉古。我想成为一名将军。

我是哈帕拉斯。我对经济事务感兴趣。

我是赫费斯提翁。我想和亚历山大待在一起。

我是托利米，我喜欢埃及历史。

本人尼阿库斯。我想成为一名海军军官。

我的名字叫菲罗塔斯，我不知道我将来会做什么。

幸会诸位。

把教育比作植物的话，它的根是苦的，但结出的果实却很甜！

获得良好的教育，必须具备三个条件：天赋、学习过程以及反复练习。

我，我知道你是对的，咳咳！

你一直在那里吗，国王陛下？

鼓掌

我来带他们去北方征伐！我知道你想见见你的家人。

我确实很想念家人。

在斯塔基拉

看来腓力二世遵守了他的承诺。

整座城市正在重建。

看，好像是亚里士多德！

当然啦，就是他！

皮西厄斯！

亚里士多德！

我还以为你会经常回来呢！

我之前也以为，可……

亚里士多德！

啊，你长得这么高了！

带我一起去佩拉吧！

下一次，我保证带上你。而且，如果你愿意，你可以留在那里学习。

我愿意，我愿意！

泰奥弗拉斯托斯在哪？

他就在隔壁的实验室里。他天天待在那儿！

我去看看他再回来。

这是怎么了？

我们是来向你表达谢意的。

腓力二世正在重建城市。我们知道这是你提的请求。

被放逐的公民都回来了。

你是我们的救星！

你是我们城市的大恩人和奠基者。

对，他是奠基者！

感谢你！

几天后

这个问题从莱斯沃斯岛开始就一直困扰着我。无论是工蜂还是雄蜂，都没有生出蜂王！所以……

蜂王只能由蜂王生出来！

哈哈。

你都这么明确地承认孕育的重要性了，却仍然认为蜜蜂的领袖是雄性！因为你说"王"！

像蜜蜂这样有井然有序的社群，怎么可能由雌性领导？

为什么不呢？柏拉图说，妇女可以管理一个城邦。

我可不这么认为！

你在女人和外邦人的问题上真的很固执。如果你也是这么对学生们讲的，那我就能理解为什么亚历山大会生气了！

告诉我，你的植物研究进行到哪儿了？

哈哈，就会转移话题！目前，我在研究克里特岛的棕榈树。在岛的东部有一整片森林！

一个月后

腓力二世的一个使者找你。

我知道了，我这就来！

我得回去了。你得跟我一起去。你的植物先不要急着带上。

可是……

我会帮你照顾好植物。

136

— 这位就是泰奥弗拉斯托斯，我的合作者。

— 我知道，我知道。你带他来帮助你驯服这些顽皮的崽子，做得很好！嗝！

来喝一杯吧！

— 征伐的情况如何？

— 我们去了，看了，也征服了！但是……呃……

亚里士多德，我要告诉你个坏消息。

他们杀了赫米阿斯。

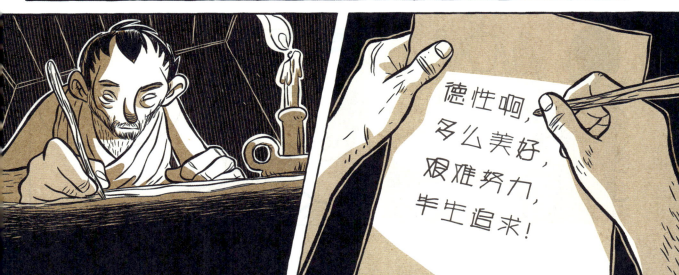

德性啊，多么美好，艰难努力，毕生追求！

亚里士多德说，友谊是住在两个身体里的同一个灵魂。

没有朋友，谁都活不下去。

寻找朋友，并留住他们！

！

在生活中，你必须避免走极端，保持中道。

既不怯懦也不鲁莽，而是要选择勇敢！

一年后

腓力二世任命我为总督，所以我必须常去前线战斗。希望那里有机会让我脱颖而出。

你当然有很多的机会！

最后一次再给我们讲讲战士的生活吧！

那今后就不能来上您的课了。

我明白了。

在我看来，战胜自己的欲望比战胜敌人更需要勇气。

为了在远征波斯之前巩固现有的领土，腓力二世和亚历山大不得不镇压马其顿王国边界上的一些蠢蠢欲动的族群。在其中一次交战中，腓力二世的右腿膝盖被长矛刺伤。从此，他成了跛足。

在雅典，情况依旧。支持马其顿的人主张在腓力二世的领导下，由希腊联盟发动对波斯人的战争。与此同时，反对马其顿的人希望在波斯人的财力支持下，打击他们认为是专制暴君的腓力二世。结果是，反对马其顿的人占优势。

在维奥蒂亚的奇罗尼亚，发生了马其顿王国与雅典—底比斯联军之间的大战。马其顿人取得了胜利。亚历山大作为骑兵领袖表现突出，全数歼灭了"底比斯圣队"。腓力二世随后在格林多城召开了一次泛希腊大会，成立了"希腊人联盟"，并担任该联盟的领导，首次正式宣布他打算领导一次泛希腊的远征，以抗击波斯人。

腓力二世回到马其顿完成准备工作，并决定与他的将军阿塔罗斯的侄女克娄巴特拉缔结一场"政治联姻"。我们收到了婚礼的邀请，但我们还是留在了斯塔基拉，在那里关注事态发展。

我们当然也知道，斯珀西波斯死后，色诺克拉底接管了学园的领导权。亚里士多德没有对此发表评论。他继续潜心治学，并且著述繁多。

伟大的远征开始了。帕曼纽带着一万名马其顿士兵渡过赫勒斯滂海峡，预备让希腊主力部队在小亚细亚的海岸登陆。

腓力二世周密地筹划外交活动，不放过任何机会，甚至将他的家人也都置入局中，他决定在他的女儿（也叫作克娄巴特拉）和伊庇鲁斯国王（王后奥林匹亚丝的弟弟，即克娄巴特拉的舅舅）之间进行另一次"理性的婚姻"。

婚礼计划在埃格举行，当然，我们也收到了邀请。

在斯塔基拉

腓力二世本人的婚礼我们都没出席，为什么你却要参加他女儿的这场？

我有我的理由。

在奥古吉埃岛上，奥德修斯是唯一的男性，因此他同时被仙女卡吕普索和数百名美妙的半裸侍女追求？

嘿嘿嘿！

这就是原因。尼卡诺尔已经进入青春期。我得让自己在宫廷里多露露面，才可以让他加入佩拉的军队。

我已经跟安提帕特提过这件事了。

随便你吧。

还有德尔斐的邀请！

什么邀请？

阿波罗的祭司们请他去把皮提亚竞技会的档案整理好！

我还没来得及告诉你。我将和我的历史学家侄子卡利斯提尼一起去。

你哪有时间做这么多事？又是婚礼，又是德尔斐！你之前还说要回雅典。

这样吧，皮西厄斯，你和泰奥弗拉斯托斯去雅典。现在每个城市都有马其顿的卫队，所以不再有任何危险。

我和尼卡诺尔去参加婚礼，然后我再跟卡利斯提尼一起去德尔斐。

等这些都搞定了，我就去雅典找你们。

到那边看下有没有可能开设一所学校，选校址、招老师。

明白！

瓦亚说，既然我们不再需要她，她想回阿塔纳去。

让她走吧，但要给她一笔丰厚的补助金！

还有，你得选择你要带哪个奴隶去雅典！

我选好了，我带上赫皮利斯。

在埃格的剧院

这孩子痴迷于奥德修斯和卡吕普索。但他很善良，也很聪明。

这些我都知道，在这里他将继续接受教育和训练，我会看护好他。反正我年纪大了，不能参加远征。

谢谢你，安提帕特！你对我来说远不止一个朋友。

对我来说你也一样，我们可以继续通信，但是现在，先让我们坐下来吧！

你们留在这里！我将独自进入剧院，不要护卫队。

鼓掌 鼓掌 鼓掌

欢呼 欢呼 欢呼

在剧院的"管弦乐队"周围，腓力二世竖起了十三座雕像，代表奥林匹斯山的十二主神和他自己。

国王万岁 国王万岁 国王万岁

啊 啊 啊 啊 啊 啊 啊 啊 啊 啊 啊 啊 啊 啊 啊 啊

亚历山大登上王位后，就严惩了那些他认为对腓力二世之死负有责任的人以及那些试图篡夺权力的人。然后，他在格林多召开了一次泛希腊大会，并像他的父亲一样，正式接手了对波斯人的远征，宣布与所有希腊人结盟，但斯巴达人除外。回到马其顿后，他不得不面对王国北部边境的小规模袭扰。

这时，亚历山大暴毙的谣言在希腊中部流传开来。随即，底比斯人受到雅典反马其顿势力的煽动，撕毁了盟约，并杀光了占领雅典卫城的马其顿卫队，夺回了雅典城的控制权。

亚历山大得知此事后，勃然大怒，率领精锐部队全速赶往底比斯，将底比斯彻底夷为平地。
他只保留了神庙和品达住过的房子。最终，六千人被杀死，三万名战俘被卖为奴隶。此后，再也没有城市敢挑战亚历山大的权力，反对他的计划。雅典城却没有因为怂恿底比斯起事而遭到报复：亚历山大知道他很快需要雅典舰队来对抗波斯人，而且，他的老师亚里士多德曾经教导他，尊重这座城市的文化职能。

在前往小亚细亚之前，亚历山大却感到有必要为他在底比斯的暴行向德尔斐的祭司们请求宽恕……

在德尔斐

你们已经完成归档工作，为了表达对你们的感谢，我们将在阿波罗神庙里竖起这根纪念柱。

谢谢你给我这个荣誉。但我能不能也请你们帮个忙，把这个赫米阿斯的雕像放在显眼处？

当然，乐意效劳！

亚历山大……亚历山大来了……

谁？

你将受到宽恕，并且所向披靡！

向你请安，国王陛下！

我就知道会在这里见到你们。

我很高兴见到你！你的事情办得怎么样了？

我正在做最后的准备，我还带上了各领域的顾问和专家。

— 亚里士多德，我也知道你对这次远征的看法，我们的政治观点完全相反。

— 现在不是讨论这个的时候……

— 但我的梦想是在波斯人和希腊人平等合作的基础上建立一个希腊-小亚细亚王国，使用同样的语言——希腊语，同一种货币，人员和货物自由流动。不再区分国籍、肤色、性别。

所有公民都将遵守相同的法律，拥有同等的权利。我将建立新的城市，建造道路、剧院、港口、水渠、桥梁和一切能使居民生活更便利、更舒适的东西。
我将推广诗歌、哲学和希腊的各种技艺。

征服外国后，我许诺将通过教育、贸易与和平来确保它们的繁荣。区分占领者和统治者的，正是这份责任感！

— 梦想没有限制。这一切都体现着你内心深处的渴望和人生目标……我希望你将来能实现它。

— 谢谢你，亚里士多德！

① 塔冷通：一种重量单位，也是一种币值单位。其所代表的价值或重量，随着不同的朝代而有所不同，但基本上是一个极大的数目。

结果证明，亚历山大是一位真正的战略家和政治天才，其所达到的境界无人能及，甚至亚里士多德也无法想象。但是多亏了亚里士多德的教导，亚历山大对新困难、新目标时才能持开放的态度。所以他已准备好挑战自己的极限，去传播希腊的技艺和文学了！

当时，波斯人想要垄断与中国、印度、西方国家之间的贵金属、香料和丝绸的贸易。但是希腊人的存在阻碍了他们势力的扩张。所以大约150年前，他们率领军队远征希腊。波斯人杀戮、掠夺希腊人，将许多希腊城邦夷为平地，但最终他们还是被希腊人打败了！而希腊南部的那些城邦因为内战实力大减。

与此相反，北方的马其顿王国却迅速发展成为一个强势的军事、经济和商业大国，加上其试图团结所有希腊人，这使得马其顿人与波斯人的对抗不可避免。

腓力二世和他之后的亚历山大把自己的利益放在首位。因此，当时发生的那场战争并不是为了报复波斯人曾给希腊人带来的恐惧，而是一场有所图谋的征服之战。因为，获得与东方的贸易权对于一个国家来说是力量、财富和荣耀的保证。这也是对波斯人的一场"希腊文化渗透战争"。

看看那里！这个选址棒极了！旁边是体育馆和献给吕基亚的阿波罗的树林。

我知道这个地方。苏格拉底和其他哲学家过去常来这里。

— 这样啊，亚历山大送来的钱比我还先到雅典。

— 八百枚塔冷通，这可是一笔巨款！

— 要是法律允许外邦侨民置办产业，
我们就可以直接购买或雇人兴建设施。
但实际情况是，
我们只能租……

— 我已经租了四间。

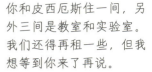

你和皮西厄斯住一间，另外三间是教室和实验室。我们还得再租一些，但我想等到你来了再说。

— 你做得很好，泰奥弗拉斯托斯。这里的政治情况如何？

这座城市处于分裂状态。自亚历山大远征以来，以德摩斯梯尼为首的民主派有些沉寂下去了。埃斯基涅斯和那些仍然支持马其顿的精英派都热情高涨。

才短短三个月，
变化却如此之大！

熙熙攘攘，
人来人往。

有些课程就开设在
长廊里，我喜欢这点。

— 你知道吗，学生们把
早上的课称为"清晨
散步"，把晚上的课
称为"夜间散步"。
— 我也听说了。看到学
生们在图书馆、阅览
室、实验室里饱含热
忱地进行研究工作，
我很开心。

— 你给予了我无比宝贵
的帮助。谢谢！
— 说什么呢！

那么，你们还记得些什么呢？

营养功能使生命体能够汲取养分、发育、繁殖后代。

感觉功能使生命体能够感知环境、移动，产生欲求。

汪汪！

最后，相较于其他动物，人所独有的理智功能，使他能够做出合乎逻辑的决定。

完全正确！那么在灵魂中，掌管理智功能的是什么呢？

智性！

智性和逻各斯①
是人类最宝贵的财富。

这两者都使人优于
所有其他的生命体。

动物用它们的声音
来表达快乐或痛苦。

汪，
汪！

但人，用逻各斯表达思想，
分享观点，讨论政治性
共同体中的正义和非正义。

你觉得是
女孩还是
男孩？

哦！他们已经开始了，我都
听到喜帕恰斯的声音了。

我们来晚了，
快没座了！

理智使人能够理解现实并处理所接收的信息。

① 古希腊哲学的重要概念，在古希腊语中一般表示"话语"，在哲学中表示支配世界万物的规律或原理。

我们区分了两种智性：第一种是"被动智性"，它将感官获得的各种外部世界的表征进行记录并分类。

第二种是"主动智性"，是人当中最神圣的部分。思想使得在它之中的观念为我们所知，就像光使得可见物为我们所见。

讨厌！

它能带来好运。

在智性的作用下，我们能够掌握通过感官观察或经验得来的知识。

柏拉图也讨论过知识，但他认为知识是以一种不确定的、直观的方式产生，与感官没有任何联系。

哦，不！不要再来了！

可以看出，对亚里士多德而言，为了认识我们以外的事物，就绝不能跳过感觉或经验。

我倒是看出来，我们有幸躲过了猫头鹰的攻击！

积累知识固然好，亚里士多德，但为此，你还需要记忆力！

我把我的笔记放哪儿了？

那你手里拿的是什么呢，喜帕恰斯？

感觉把握的只是事物的形式，而不是它们的质料。

感宫
感觉
感受

感官赋予智性以内容。这就是为什么我们说形式是可思的。

在所有感官的帮助下，人感知到了事物，这个第一印象就是感觉。

在灵魂之中，各种感觉产生了不同的感受，即愉悦、哀伤、愤怒、恐惧、激情、友谊、爱……这些感受使我们采取行动，

并影响我们的行为。因此，为了避免可能产生的不愉快后果，我们必须学会主宰我们的感受！

说起来容易！

做起来也不难！这就是为什么会让你们组织一场"建议游行"！

那是啥？

你们每个人都要拿一个牌子，一边四处走动，一边举着牌子，好让其他所有同学看到牌子上写的建议！

一直以来，人们都在思考发生在周围的事情并且对此进行探索。因此他们总是渴望获得知识——这种知识被视作所有信息的总和。

直到亚里士多德根据知识的对象而将知识划分为三类科学。
他对"科学"的定义是：关乎某一特定对象的一系列真命题，其真值则被演绎性证明所保证。

这个表可以看出科学的不同类别。

理论的科学，研究的是知识本身和获取知识的方法。

实践的科学，则是关于个人和公民行为规范的知识。

创制的科学，是一种工具性的知识，它可以使人们制造有用的东西，以弥补自然的不足并改善我们的生活。

啊！这样吗？

欧德莫斯将代替我继续上课。

这是你的
女儿。

你就叫皮西厄斯，
以你母亲之名。

因为我只爱叫这个
名字的女人！

让她休息吧！
生产过程太艰辛了。

我们知道，同一门科学所研究的对象之间是相似的。第一哲学，也称形而上学，分为两个部分：一般形而上学和特殊形而上学。一般形而上学，研究的是诸存在的"原理"和"原因"，换言之，它规定了事物从何而来，它的原理是什么，进而说明该事物的原因，即这个事物为什么是如此这般的。而特殊形而上学关注的是"不动的第一动者"。

一般形而上学关注的是存在，它回答的问题可以概括为"何物存在？"。

对此只能有唯一的答案："一切存在！"因为我们所见的事物虽然都不同，但有一个共同点：它们都存在着。一切都"存在着"，所以它们都是存在！

特殊形而上学，关切的是"不动的第一动者"。

我会在几天后的夜间散步时再讲，欢迎你们届时来参加！

几天之后

161

你就非得挑这个时候吃吗？

对啊，因为我饿！何况我也不是唯一一个在吃的。

你认为他今天会讨论这个问题吗？

！

希望如此！

我们已经讲过，月上世界的天体是由以太组成的，是第五元素，是所有物质中最精微的。

这种元素做永恒规则的圆周运动。这种运动是由恒星所在的天球，也就是"第一重天"的运动赋予它们的。

那又是什么使得第一重天运动呢？

这就对了！

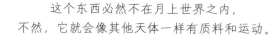

这个东西必然不在月上世界之内，不然，它就会像其他天体一样有质料和运动。

不然，它就不能让第一重天开始运转。因此，这个"某物"须得在第一重天之外，并且没有质料。

由于它产生了永续的运动，所以它是永恒的和不动的！

因为如果它也会动，那就还得追问是谁在推动它！

由于它没有质料，是纯粹的形式。因此，它将是智性的，是一种纯思！

我把这个"某物"称为"不动的第一推动者"。

不动的第一推动者！

好好听的名字！你怎么看？

今天，我们将说明它是如何推动第一重天，并且牵动着整个宇宙的运转！

他马上就要说出口了！

我先举两个例子，是什么推动人前去面包店买面包？

是吃东西的欲望！

十分准确！就是欲望……再举一个例子，一个男人，他爱上了一个年轻女孩，他每晚都去她家附近，希望与她偶遇！

你怎么知道这件事？

坐下来！大家都在看着我们呢！

是什么指引他的脚步？

爱情！

你会为此付出代价的！

正是如此！所以，欲望和爱产生了运动。

不动的第一推动者，因为它是完美的，所以也受到爱慕。

因此，它就是第一重天欲求和爱慕的对象。

这就是第一重天运动的原因。

于是你们肯定就明白了，不动的第一推动者推动了第一重天，但第一重天并不能相应地施力于不动的第一推动者。

确实如此，就譬如说："我被她的美貌所打动，但我却没有打动她！"

哎呀，我们快走吧！

非常恰当！

你，一个有识之士，却对这个放荡的人说"非常恰当"，你不感到羞愧吗？

哈哈哈哈哈哈哈哈

回家！回去给我好好解释！

不好意思，
打断一下……

但是，如果第一重天有欲望，
就意味着天体可以产生感情。

那它们就是
存在者咯。

这些存
在者是有
生……

?

!! ! !

!!

!! !!!

皮西厄斯！

该死的！他本来都要说出口了！

运气不好咯！

皮西厄斯，
你怎么了？

165

我什么事也没有！我只想阻止你把话说完！
那两个人，我第一眼就觉得很可疑，
而你那时候正要说天体是生命体！

可天体的确是生命体啊！否则，不动的第一推动者就不可能使得它们运动，也不可能引起宇宙中发生的所有变化了。

因为不动的第一推动者是一切生命体
所渴望和敬拜的至高对象，而且……

对，祂是神！
永恒且完美的
存在。

由于祂的活动就是思想，所以祂只能思考完善性。

也就是祂自己。神，祂就是对思想的思想！

我的天！幸好，
你不是在大庭广众
之下说这些话！

正确的推理就应该说出来。

但不该在这个时候，也不该讨论神这样的对象！要是那时候亚里士多德把他的话说完……

他就会被指控，说他引入了新神！再之后……你忘了苏格拉底的遭遇吗？

也许皮西厄斯说的是对的！

因为哲学之神不创造、不毁灭、不审判、不惩罚。祂也对人间的事务不感兴趣……

所以人们不会了解祂，普通人永远不会理解！

祂只是哲学家的神！

— 无论如何，亚里士多德尊重城邦诸神，并履行了所有参与仪式的义务。

— 但他并不相信神话中的神灵；因为那些神嫉妒、憎恨、相互爱慕或与凡人相爱。

— 和所有宗教一样，希腊人对奥林匹斯山十二主神的崇拜是基于未经证实的概念。

— 而哲学恰恰相反，它犹豫、怀疑、寻求，并用论证来证明。

— 宗教和哲学是两个不同的世界。

一年后

— 卡利斯提尼寄来一封信。

— 简要说说里面的内容。

— 他们横渡赫勒斯滂海峡，抵达了特洛伊城。亚历山大在阿喀琉斯的坟墓前缅怀，而赫费斯提翁去了帕特罗克洛斯的墓前！

— 不要这样看我，继续说！

— 他们征服了一个又一个的城市，废除了暴政，建立了民主制度……

— 好样的！这是明智之举。

— 格拉尼库斯河战役，他们取得的第一次大捷。克利托斯救了亚历山大的命。

— 克利托斯总是很勇敢！

— 他们翻越了托罗斯山脉。亚历山大用他的剑斩断了戈耳狄俄斯之结！

— 传说中，"解开"戈耳狄俄斯之结的人将会统治小亚细亚。但没有说"斩断"啊！哈哈哈！

— 他们围攻拿下了塔尔索，而后又是伊苏斯战役。波斯国王大流士三世本人率领波斯军队逃跑了，而他的母亲、妻子和两个女儿则被俘。还缴获了大量战利品！

— 一场非常伟大的胜利，也是一封非常长的信！

那时，亚里士多德拥有一切可以称之为幸福的东西。除了忠诚的皮西厄斯，他身边还有他深爱的女儿。在吕克昂学园，他所重视的三个方面都进展顺利：教学、研究、写作。他已经成为一个沉稳的学者，对他人也有了更多的理解和包容。当然，他开展教学，但也著述颇丰！他把自己曾经的理论翻出来并加以改善，他关注小组研究的进展及各位合作者的工作。

正是在这一时期，他率先研究"技艺是什么"，并且给出定义。而更重要的是，他是第一个描述"技艺做什么"的人。他将事物分为两个大类：一类是由大自然创造的，如树木、岩石，另一类是由人类制造的。这第二类中，他又细分为两类：一类是人类为弥补自然没有提供给他们使用的那些东西——例如器具或家具，他称其为"必要技艺"的造物；另一类是人类模仿自然并美化自然的东西——比如雕像或绘画，他称其为"美术"的造物。

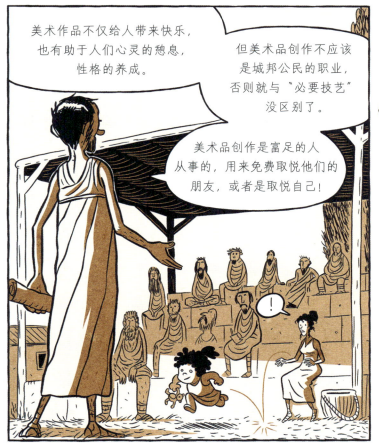

"诗歌"这个词来自动词"poïo"，意思是制作、创作、赋形。

当亚里士多德谈及诗歌时，他指的是悲剧、喜剧、史诗、抒情诗。

悲剧当中人物的动作和台词让观众产生恐惧和怜悯：怜悯是因为受难的主角，恐惧则因为把自己带入主角而恐惧自己的遭遇。因此，随着剧情的结束，观众从贯穿全剧的激情中解脱出来。

这种解脱是因为主角最终得到正义或道德秩序得到恢复。

剧作者的目标就是释放激情和道德进步，观众在观看演出后应该成为更好的人。

悲剧把人表现得比他们在生活中更高贵。与此相反，喜剧则显示出他们更加卑鄙的一面。事实上，喜剧呈现最常见的情况和最普通的个体，通过言语的夸张和模仿而引人发笑。

错误、失误和滑稽的情况是观众快乐的来源，同时劝诫观众避免这些错误，使观众获得道德上的进步。

— 长话短说吧。
— 好，我长话短说！ 他夷平了提洛城。在迦萨的时候肩膀受了重伤。波斯舰队臣服于他。在埃及，他被视为解放者。埃及人叫他法老！
— 哎哟！这可不好！

— 他建立了一座城市，以自己的名字为其命名为"亚历山大里亚"。在锡瓦绿洲，宙斯–阿蒙的祭司称他为"宙斯之子"和"世间之神"。
— 这也不是什么好事。
— 他拿下了稣撒禁城、巴比伦城、帕萨尔加德都城、波斯波利斯都城。他得到了价值一万枚塔冷通的皇家宝藏。
— 到这儿我是真的开始担心了！

— 高加米拉战役取得胜利，波斯国王大流士三世战败逃亡，他对波斯帝国的征服已经完成。
— 远征的目标已经达到，他们该返回了。
— 波斯的总督贝苏斯刺杀了大流士三世，亚历山大则杀死了贝苏斯。亚历山大派人把大流士三世的遗体运回波斯波利斯，以王室的礼仪下葬。
— 他是一个伟大领袖。
— 菲罗塔斯因谋反罪而被处死，他的父亲帕曼纽也被处死。
— 帕曼纽被处死？
— 除了那本被称为《皇家日志》的战记外，卡利斯提尼还写了一本题为《亚历山大大帝的伟大事迹》的书，在书中赞扬他，并称他为"宙斯之子"！
— 我不喜欢这一切。
— 他还建立了其他城市，并以自己名字命名！

伦理和政治是
实践科学的两个分支。

窃窃
私语

伦理学研究作为
个体的人的行为……

其他人
安静!

而政治学研究作为
社会成员的人的行为。

关于伦理学,我们要分析的主要概念是:
"善""德性""幸福"与"自由选择"。

窃窃私语
窃窃私语

窃窃私语

你们今天真是让人忍无可忍!
都安静下来!

你们还记得哪七个原因
用来解释人的行动吗?

窃窃
私语

窃窃
私语

则肋斯,
你来回答。

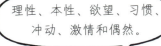

理性、本性、欲望、习惯、
冲动、激情和偶然。

窃窃
私语

那行为的目的呢?

我们可以
休息一下吗?

课程结束才
可以休息。

则肋斯,
继续!

人类行为的目的
是为了得到善!

窃窃
私语

正确！而善关系着生活的质量。
请看这个表格，善的不同类型。

最后一行提到了"各种德性"。
则肋斯，你来告诉我们：什么是德性？

外在的善 [富足、政治权力]
身体内在的善 [健康、美丽、活力]
灵魂内在的善 [各种德性]

我们偷偷
溜吧？

"德性"是指基于自由选择，
即在没有强迫的情况下形成的习惯。

此外，习惯还决定了人的性格，
性格是通过行为而非意图
或感觉体现出来的。

欸？其他人
去哪儿了？

呃，他们走了！

狄奥泰勒斯，
狄奥泰勒斯——！

狄奥泰勒斯，
我的学生们逃课了！

不光是你，所有
班级的学生都跑了！

什么情况？

往上游走，在艾瑞丹诺斯河的源头，可能有仙女出现。学生们都去看了。

仙女？这算怎么回事？

派老师们去找他们！

但老师们也都已经去了！

啊！

她们是多么美丽啊！

噢哟！

噢！

！

啊哟！

噢噢噢噢！

对啊，湿漉漉的外衣勾勒出她们的身段！

啊啊啊！

噢，是的，噢，是的是的！

狄奥泰勒斯，情况如何？

我去找过了。

那仙女是什么情况？

嗯……根本没有仙女，只是一些奴隶们在河里洗地毯！

好的习惯被称为"德性"，但也有坏的习惯，我们称之为"恶习"，如不公或贪婪，等等。

但在我看来，不尊重也是一种恶习，比如，不尊重自己的父母、亡者、祖国以及……

老师！

我们获得一种善，并用它来获得另一种善，然后再获得另一种……

例如，一个人努力工作，

为了挣得钱财，

挣钱又是为了购买建材，

买建材是为了建房子。

于是就有了这一连串的手段和目的，但这并不会无限下去，而是会有某个终点。

它终结于行动的最高目标实现的时候，即生命的至善完成的时候。

我们追求幸福，不是为了通过幸福去获得别的善，而就是为了幸福这种善本身。

但要实现幸福，需要不断地努力！不要以为只有在你非常年老的时候才能达到这个目标。

相反，它是每天、每时、每刻在德性的行为中收获的。

你不舒服？

没什么，只是头有点晕！

克里尼亚斯？！

—— 克里尼亚斯，我很高兴见到你！
—— 亚里士多德！
—— 给你介绍，我儿子，也叫亚里士多德！

—— 啊！我们有相同的名字。
你看起来很像你的父亲！
—— 我也像我的叔叔！
—— 哈哈哈！

—— 对了，菲洛拉斯怎么样了？
你们还是一直形影不离吗？
—— 我们一直如此！我们在撒摩开设了
一所学校，教授修辞学、哲学……
但我希望我的儿子能和你一起学习。
这就是我们来你这里的原因。

—— 你多大了？
—— 我十五岁。

—— 十五岁！有点偏小了。
—— 但他已经读完了你所有的著作。
我们今天还听了你的演讲。

我能问一个问题吗？

当然可以！

—— 德性有很多种，就像人的
行为也有很多种，它们是
通往幸福的桥梁。
是这样吗？

—— 说得没错！

—— 所以德性不应该与灵魂的
功能有关吗？

— 它们是和灵魂功能相关！你看，有两类德性：
"伦理德性"和"理智德性"。伦理德性，如勇敢和柔和，
与灵魂的非理性部分有关，涉及我们的欲望、感受和行为。

— 也就是说，它们决定了人的伦理，保证了"人的
幸福"。另一方面，理智德性诸如智慧、理智、
明智等，它们与灵魂的智性能力有关。

— 正确！当然，这些理智德性要经过艰苦的教育
才能获得，它们具有神性的一面，这就确保了
人获得"神的幸福"。

请允许我介绍一下我的妻子皮西厄斯
和我们的女儿，她也叫皮西厄斯。

我是克里尼亚斯，跟
亚里士多德在阿卡德米共
事过。这是我的儿子，
也叫亚里士多德。

欢迎你们。

那你同意他进入
吕克昂学园学习了？

正如你所看到的，
他自己已经报名了！

伦理德性引领我们走向人间的幸福。
理智德性能使我们通达神圣的幸福。

？？？

这孩子
太聪明了！

理智德性指的是人在行使其智性能力时的卓越表现，亚里士多德将其置于伦理德性之上。伦理德性向我们指明了过度和不及之间的中道，比如，勇敢这种德性就在懦弱和鲁莽之间。这就是所谓的中道。相反，理智德性是可以无限培养的。它们不必被限制在一定范围内。

第一条规则是，学生们应该成为朋友。

每个人都应该认识到他人的价值，不要批评别人的弱点，而要原谅他们的错误。

友谊是两个个体之间对彼此的喜爱，它是在两人的交往中逐渐发展起来的。

真正的朋友是能与我们分享快乐和悲伤的人。

是亚里士多德让他来跟我们说这些的！

— 在雅典，有三个体育馆：我们所在的"吕克昂的阿波罗"体育馆、"阿卡德米学园"体育馆以及"白犬之地"体育馆。

体育馆是专门针对年轻人进行身体与精神教育的地方。

它们是社交生活的场所。年轻人在那里会见哲学家、技艺家和政治家，但也会见到普通公民。在那里他们交流彼此的观点。

评判我们的依据就是我们的所作所为，所以我们做事情的时候要保持清醒，又不吝投入努力与时间！

传言说，亚历山大杀死了克利托斯，还以谋逆罪逮捕了卡利斯提尼。

什么？

克利托斯可是救过他的命啊，卡利斯提尼也在他的著述中赞美他呀。不要相信传闻。传闻通常都是假的！

咚咚

唉，这些传闻都是真的！

亚历山大变化很大。征服、财富和荣耀让他变成了一个专制者，他的穿着也变得像个波斯国王。

他娶了巴克特利亚总督奥克夏特斯的女儿罗克珊娜为妻，并要求每个人都对他行鞠躬礼，即使他的将军是他儿时的伙伴也不例外！

儿时伙伴之一的赫莫拉尔斯，在一次狩猎中射中了亚历山大看中的野猪，便让亚历山大怒不可遏。亚历山大在军官面前鞭打并羞辱了他。

赫莫拉尔斯感到非常愤怒，决定杀死亚历山大谋反，结果计划败露了。

当他被带到集结的军队面前接受审判时，他知道等待他的是什么，便把对亚历山大的不满，一桩桩一件件地吐露出来：不当地处决菲罗塔斯和帕曼纽，醉酒后杀死克利托斯，强迫所有人行大礼，粗暴的指挥方式，对衣服、美酒和享乐的庸俗品味！

赫莫拉尔斯被判处用石头砸死。因为他对哲学的偏爱，他与卡利斯提尼曾是朋友，所以，卡利斯提尼也作为阴谋的煽动者被逮捕，并被判处死刑。

？

卡利斯提尼被判死刑？！啊，不！

这个人的证言是可信的。他是亚历山大允许回国的第一批退伍军人之一。

卡利斯提尼！

还有传闻说，你经常与卡利斯提尼通信，你知晓他与赫莫拉尔斯的阴谋，你还支持鼓励他们！

你要当心了！

就这样吧！他们甚至应该为脑子里出现过这个念头而感到羞耻！他们应该感到耻辱！

亲人卡利斯提尼的死、说他与谋逆事件有关的谣言、吕克昂学园的各种事务，这些都让亚里士多德感到沉重而疲惫。他上的课变少了，转而投入写作。

那段时间，他正在研究实践科学。他认为伦理学，尤其从社会层面来看，与政治学密不可分。因为一个有道德的人只能在城邦中实现自己的道德。

他由此得出，伦理德性也是政治德性，因此，伦理是政治的一部分。

亚里士多德依据两个标准（职业和经济水平）将公民划分为："富人""穷人"和"中产"。

不同社会阶层之间的关系决定了政府的形式。

而"政府形式"，指的是城市的组织形式，它规定了权力和责任以及公民的生活节奏。

最后，好的政府形式应当能够做到对内为社会提供秩序，对外保护公民免遭敌人侵袭，并给予每个公民获得幸福的可能。

太累了吗？

不是，还是老样子，头晕。

妈妈给我读了奥德修斯去见他父亲拉厄耳忒斯的那段故事。

这是一个非常感人的情节！

为了保护自己的城邦免受马其顿人的攻击，雅典人决定修复城墙。

德摩斯梯尼想展现他的爱国主义精神，捐献了三个塔冷通。

在执政官克特西丰的提议下，公民大会决定，在狄奥尼索斯剧院举行的盛大仪式上授予德摩斯梯尼一顶金冠。

作为永远的政治对手，埃斯基涅斯谴责该决议不符合规定，认为德摩斯提尼不配获得这一荣誉，因为他的反马其顿立场伤害了雅典。

亚里士多德，埃斯基涅斯找你！

埃斯基涅斯？他不是被流放了吗？

他悄悄回来了，为见你一面。

他在石洞那边等你！

可我有课啊。

算了，我过去找他！

让欧德莫斯带学生们去卫城。

从高处可以看到长长的城墙，一直延伸到法洛斯和比雷埃夫斯港，可以看到雅典的六座山，其中最高的是吕卡维多斯山，还可以看到三条河流、普尼克斯的公民议会、市集和各条街道。

— 亚里士多德，我之前经历了一场审判！

— 我知道，你发表了"反对克特西丰"的演讲，为你的观点辩护。而德摩斯梯尼则针锋相对地发表了"王冠之上"的演讲。

— 他认为我支持马其顿是对城邦的背叛！我被罚款一千枚德拉克马①，并被剥夺了三年的公民权。

城邦具有一种质料性结构，但也是一种自然的架构。因为建造有政府和规则的城邦，这本就在人的本性之中。

由于没有钱支付罚金，而这会使我进监狱，所以我就出逃了。但更重要的是，我不希望看到德摩斯梯尼戴上金冠。

① 德拉克马：币值单位，流行于希腊多个城邦之间。

这就是为什么亚里士多德将人定义为"政治动物",即一个"有生命的政治有机体"。

罗德岛邀请我过去成立一所修辞学学校,帮助当地公民改善他们的政府。所以我这才来找你,听取你的建议。

不在社会之中,人就无法实现自己。选择在城邦之外独居的,要么是神,要么是野兽。

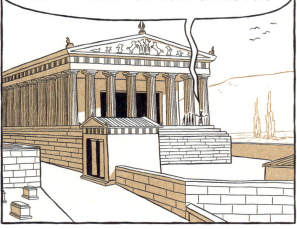

那些想成为高级公职人员的人,必须是善治的,具有诚实、审慎和公正的品德,并且以公民的利益为重。

一个好的公民不会对政治抱有无所谓的态度!他会参与城市的决策,随时准备担任政治和法律职务。

我会提议某种民主形式,我称之为"中产阶级政体",所有公民在法律面前一律平等。

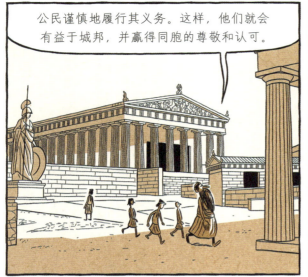

公民谨慎地履行其义务。这样，他们就会有益于城邦，并赢得同胞的尊敬和认可。

中产阶级维持穷人和富人之间的平衡，防止社会矛盾激化，因为这是动乱的根源。

是的，但在民主体制中，政府掌握在大多数人手中，而这些人的能力和智识水平值得商榷。因为卓越的治理能力和知识，只有最优秀的人才具备！

是的，但多数人的观点比少数人的观点更公平！理想的情况当然是由最优秀的人来治理，但他们将由人民选举产生。

希望每个人都立志做对社会有用的公民。另外，永远不要忘记，所有人的利益必须始终高于每个公民的个体利益！

尤其要注意，城邦应该实行法治，而非人治。

你的建议很有价值！

最重要的是，城邦和公民必须追求同一个目标：幸福！

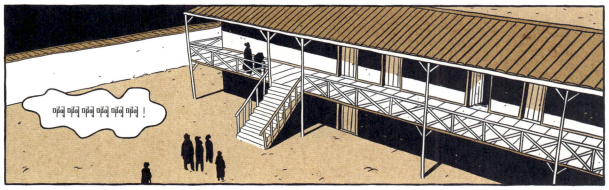

已经持续一个月了，他只在晚上的时候才出门到树林里去。

他不跟任何人讲话。

明天的晚间散步时，我会讲的。

他也这么做了

"价值"的内容是相对的，受制于经济水平和政治状况。

价值在不同时代、不同地方也是不同的。

在民主……

在民……

在民主政体下，自由是"价值"；在寡头政体下，财富是"价值"；在精英政体下，德性是"价值"。

亚里士多德，你说一说，一个城市存在和繁荣的前提条件是什么？

是自足！是不需要外来帮助就可以满足其公民需求的自足性。

几个月后

你看到亚里士多德了吗？

他和他的女儿还有赫皮利斯一起在河边散步。

这个女人真的拯救了他！

确实，她在亚里士多德困难的时候帮助了他。

她就像小皮西厄斯的母亲一样。

我听到笑声了，看来他们回来了！

哈哈哈！

她马上就要生了。

是的，但是还没有结婚。和她一起生活，他就很满足了！

哈哈哈！

两个月后

在一个法治良好的城市，必须有三个独立的权力：立法、行政和司法。

而每一权力都必须赋予不同的政府部门。

大家还记得哈帕拉斯吧？他是亚历山大在米耶萨的同学之一。因腿部残疾，不能上战场。亚历山大完全信任他，就把波斯帝国的财物都交给他管理，大约有七十万塔冷通。

但事实证明，哈帕拉斯辜负了国王的信任。他开始过着放荡荒淫的生活，挥霍钱财。他最后贪污了五十万塔冷通，招募了一支六千人的雇佣军，武装了三十艘三列桨座战船，前往雅典，交出了他的雇佣军、舰队和部分赃款，以请求雅典城邦的庇护。

雅典人决定，在亚历山大对他下达裁决之前，暂时以贪污罪将他囚禁在雅典卫城。他们任命了一个委员会来清点哈帕拉斯所携带的财产。第一天，数出了七百枚塔冷通；第二天，数出了三百五十枚塔冷通；第三天，哈帕拉斯已经逃走了。委员会成员涉嫌腐败，尤其是德摩斯梯尼，他被判处流放。

我们已经很久没有像这样聚会了！

恭喜，有了个儿子！你给他取了什么名字？

尼各马可，以我父亲的名字命名！

那么，为尼各马可干杯！

人人都在谈论对德摩斯梯尼的判决。

对于这位主宰了雅典政治生活三十年的伟大演说家来说，这是不幸的。

这是我们社会腐败和堕落的又一例证！

无论如何，正义得到伸张！

正是如此，那么我们就不要反应过度！

亚里士多德……

马其顿卫队的军官找你。

你们继续，我马上回来。

发生了什么事？

赫费斯提翁在厄克巴塔纳城突然患病，死了。

他死了？

真不幸！

亚历山大一定彻底崩溃了！

你跟赫费斯提翁很熟？

从我在米耶萨的时候就认识了。他是亚历山大的一个伙伴。他们总是形影不离，感情特别深厚！

大约一年后

在两种恶，即过度和不及之间，有一个正中之处，那就是"中道"。我们通过复习正直的行为来理解恰当的中点是什么……

泰奥弗拉斯托斯在给同学们上晚间课程。去听听他怎么说！

这就解释了为什么德性是通过习惯和不断努力获得的。

这也正是我想……

对几天后上清晨课程的学生所说的。

我只想补充一点，引导人走向卓越的中道，并不是一种不冷不热的平庸，相反，它是非凡。

你们好好理解吧，再会！

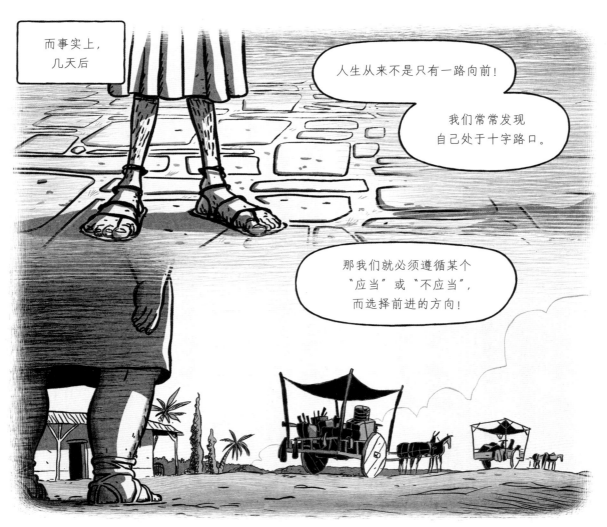

而事实上，
几天后

人生从来不是只有一路向前！

我们常常发现
自己处于十字路口。

那我们就必须遵循某个
"应当"或"不应当"，
而选择前进的方向！

在哈尔基斯

这样子凝视水面，
你肯定是个外邦人。

我是外邦人，确实如此。

水有时流向这边，有时流向那边；一天四次改变方向，没人知道为什么！

此外，每个月有六七天，水流方向改变至少十四次。我们称之为"疯癫水域"，但在那里，我们钓到了很多鱼！

你们来看啊！窝弄开了蜗牛看看它拟面似什么亚子！①

你不舒服吗？

我的胃很痛，我先把给安提帕特的信写完。

你知道吗，现在可以你说我写了！

啊……怎么回事？

我在雅典学会了认字，可以读也可以写。瞒着你学的，因为想给你一个惊喜！

我亲爱的宝贝儿！

① 意为"我弄开了蜗牛看看它里面是什么样子。"

在佩拉

安提帕特，你读完亚里士多德的信后，我就告诉你雅典的最新消息。他们把德摩斯梯尼从流放地召回来了！

这听起来有叛乱的迹象，你们做好准备！

"三个月过去了，我感到非常孤独，无从倾诉！我只好跟自己说话。

我讲话的对象是我自己，而听我说话的人也只有我自己！"

在哈尔基斯的宙斯神庙

我越是孤独，就越觉得需要向人倾诉……

嘿，你是谁？

爸爸，猜猜谁来了？

泰奥弗拉斯托斯！

老师！

赫皮利斯，帮我们倒点酒，好好招待我的朋友！

我很想念你！我很想念你们大家！在吕克昂学园里，每天都有那么多人，大家在一起工作和生活。但是在这里……你可以想象我在这里的感受。

我理解，你肯定过得很艰难！

干了这一杯，然后我想给你看点东西。

为了我们的健康举杯！

在尤里普斯海峡，有一种奇怪的潮汐现象，目前我还没有找到任何答案。

你朋友也是外邦人？

赫拉克利特说过，人永远不能两次踏进同一条河流。

哈哈哈！这句话，对于大海来说也成立！

这个世界上仍有许多未能解答的问题。

我感觉你瘦多了。

我吃不下饭，而且我还患上胃痛的毛病。

我记得你在雅典就有这个病。

是的，但不常发作。走路会缓解一些，但是在这边住的话，我走得比较少。

我在哲学方面所取得的成就，就是我所完成的工作，即那些著作。我完成它们只是因为我想这样做，而不是因为对法律的服从或畏惧。

其他人并不能够创作出有如此重大意义的作品！

哲学之美，不在于我们传授哲学，而在于我们活出哲学！哲学，给我们这段奇妙的旅程，既指引方向，又不断带来新的发现！

那些拥有各种德性的人，物质并不能使他们幸福，因为不论物质再怎么丰厚……

他们的幸福感都不在于此！

!

看哪！皮西厄斯在给尼各马可读《荷马史诗》呢。

我知道，她每天都这样做，我们继续吧！

被自己的欲望冲昏头脑，就会常常做出自己明知是错的事情。

此外，抵制诱惑要耗费很大的力气。

这两种情况都让人很难受。理想情况下，或者我们不会受到诱惑，或者我们轻易就能抵制诱惑。

你这口气就像在告诫某个人。

对，是给我们的儿子的！

我希望他长大后，你能给他读这些书。

不过……为什么不是由你来做这件事？

如果我们的每一个行动都是在恰当的时间，为了正当的理由，以正确的方式，为合适的人而做的，那么我们的行为就是善的。

正是！当月圆之时，切勿垂钓，因为无鱼可钓。

已获得知识的人比仍在寻求知识的人，有更美好的生活。

钓鱼要在新月的时候去钓，这就是知识。那时候就会有疯癫水域和一大群鱼！

六个月后

或是形势所逼，或是遭人排挤，我已经漂泊了许多年，依然是一个外乡人。

雅典、阿索斯、莱斯沃斯岛、佩拉、米耶萨、斯塔基拉、德尔斐，再回到雅典，眼下我又到了哈尔基斯。

我已经见证了这么多亲爱之人的离去！我的父母、柏拉图、普罗克西诺斯、赫米阿斯、卡利斯提尼、皮西厄斯、亚历山大……

他经历了太多，一般人如果面对同样的情况，早就郁郁而终，或是在痛苦中难以自拔。

但他并没有沉溺于伤痛。

他所获得的理智德性，给他带来了"神的幸福"。

啊，我们到了！

老师！

欢迎你们的到来！

今天我真是感受到了双倍的幸福！

可不是吗！尤其是当你看到我们给你带的礼物

——产自我俩各自家乡的葡萄酒！

我把你们叫过来，是为了告诉你们，我已经选好吕克昂学园的继任者了。

但是雅典那边的事态正在平息，并且……

你们是我最亲密的合作者和朋友。

他就是通过这样的方式告诉了我们，他选择了谁。
他还把留在吕克昂学园中的所有书稿都送给了我：一百零六个圆筒，里面有一百七十部作品，总共有四十四万多行！

亚里士多德的作品分为两类。
他的"秘传"文稿，或者也称"口授"内容，是针对吕克昂内部的学生的。这些著作主要是笔记和评注，涵盖了物理学、第一哲学、伦理学和政治学等领域中较深奥的内容。这些笔记和评注最开始用于他的课堂讲授，课后他又进行了修改和完善。
而他的"对外"著作则面向更广泛的公众，涉及伦理、修辞和技艺等方面的更简单的内容。

除了他的科学著作外，他的许多其他著作虽没有带来新的知识，但引导人类理智迈向了更正确的道路。

两个月后

就你一个人在誊抄吗?

我所写的和誊抄的都必须由我亲手完成。

你们要出行?

我之前跟你提过:我要带着孩子们出去两三天,到神庙里供奉一下。

我们要去奥利斯,前往阿耳忒弥斯神庙!

那里正是伊菲革涅亚在逃出内殿并且前往克里米亚半岛之前,当女祭司的地方。

好的,没问题,旅途顺利!

再见,爸爸!

再见!

你要好好照顾自己。

我对很多事情有所涉猎,我也想要回应世间所有的问题。

有谁曾说过:"我唯一知道的,就是我一无所知!"

我总想把人类理智范围内的一切,以最佳的方式赋予它们秩序。

205

就像对待我自己的箱子那样。所有东西规整得井然有序，这样我就可以轻易地找到所需的物品！

我想，也许你可以带着鱼竿和你的盒子过来，我们一起钓鱼，

并且我们还可以聊聊天！

第二天

?

老师，你去钓鱼了？

你每次来访，我都非常高兴！

我不能久居不动。我得去哪里，做点什么！

不管怎么说，吕克昂学园里，一切都好。不用担心！我来是要跟你说一下德摩斯梯尼的事情……

雅典人把他从流放地召回来了，哈帕拉斯和那些赃物已经被他们忘记了！

随后，德摩斯梯尼率领军队远征马其顿。

一败涂地！

他被安提帕特判处死刑。但是他逃脱了，在波罗斯岛的波塞冬神庙中躲着。

但是，一个月前，他被发现了。

为了不被逮捕，他选择饮下毒酒，自尽而亡。

德摩斯梯尼饮下毒酒？这太讽刺了！

不过，你在看什么呢？

呃，没什么，去我家吗？

我是和一个运油坛子的朋友一起来的。等他卸完货，我就要随他离开。

看，就在那里！

记得再回来看我！

啊，你回来了！
我们也刚到家！

回来了，
怪不得在门
口有辆车。

爸爸，这次旅行真的
太棒啦！下次，跟
我们一起去吧！

我收集到了蜗牛、
苔藓和蝴蝶！

你身体又不
太舒服吗？

还是老毛病，胃有点难受。
我出去走走。

好的，趁你散步的时间，
我先准备饭菜。

我们带了一些
奶酪和无花果回来。
奥利斯那里的无花果
居然是在秋天
成熟的。

不要太晚回家！
快要下雨了。

皮西厄斯!

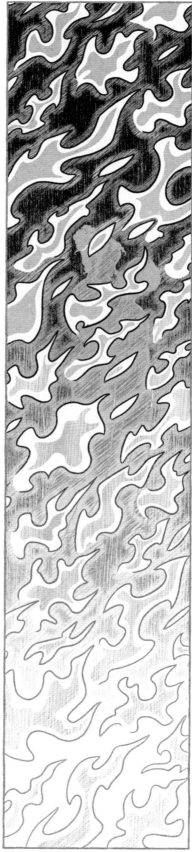

"本人亚里士多德，指定安提帕特在我身后监督我遗嘱的执行。遗嘱内容如下……

在尼卡诺尔长大成人并且能够独立之前，把各项事务、孩子的抚养和监护、对赫皮利斯的照顾和我的财产委托给泰奥弗拉斯托斯、喜帕恰斯和狄奥泰勒斯三人共同管理……

等我的女儿皮西厄斯到了适婚年龄，我希望她能嫁给尼卡诺尔。
赫皮利斯对我来说意义重大，我希望她能受到照顾。
如果遇到一个般配的配偶，她想要结婚，那么给予她一枚塔冷通的嫁妆……

如果她想留在哈尔基斯，就把房子和花园留给她。如果她更想要去斯塔基拉生活，就让她住进家宅，为她置办家具……

我希望家里的奴隶不要卖掉，而是在他们成年后给他们酬金，给他们自由身……

根据皮西厄斯的遗愿，无论我的坟墓在哪里，她的骨灰都要安放在我的身旁。"

211

斯塔基拉城为他举行了最高荣誉的葬礼。

他的同胞们正式宣布他是这座城市的"奠基者"。我想你们应该还记得，
是他敦促腓力二世重建这座城市的。

装有他骨灰的青铜瓮被安放在一个精心修缮的墓里，他们在墓上方
建立了一个祭台。这个地方被命名为"亚里士多德"，当斯塔基
拉人面临重大抉择或者难题时，他们就在那里召集公民大会。

他们设立了节日——"亚里士多德节"——来纪念他，
并以他命名一年中的一个月份。

世间万物不停流转变幻，
为人们带来欢笑与悲伤……

—— 品达

亚里士多德的主要著作：

工具论
范畴篇
解释篇
论题篇
辩谬篇
前分析篇
后分析篇

自然哲学与生物学
物理学
论天
论生灭
气象学
动物志
论动物的部分
论动物的生成
论动物的行进
论灵魂
自然哲学诸篇

对存在的研究
形而上学

伦理学
欧台谟伦理学
尼各马可伦理学
大伦理学

政治学
政治学
雅典政体

修辞学和诗学
修辞学
诗学

参考文献：

作者

书名 / 出版社 / 出版时间

BONAN RONALD
Apprendre à philosopher avec Aristote, Ellipses, 2018.

COULOUBARITSIS LAMBROS
La Physique d'Aristote, Ousia, 1997.

CRUBELLIER MICHEL & PELLEGRIN PIERRE
Aristote. Le philosophe et les savoirs, Seuil, 2002.

DIOGÈNE LAËRCE
Vies et doctrines des philosophes de l'Antiquité. Disponible dans de nombreuses éditions.

PELLEGRIN PIERRE
Le vocabulaire d'Aristote, Éclipses, 2009.

ANTHOLOGIE
Les Lettres grecques : Anthologie de la littérature grecque d'Homère à Justinien,
Les Belles Lettres, 2020.

ADLER MORTIMER JEROME
Aristotle for everybody, Macmillan, UK, 1978.

BARNES JONATHAN
Aristotle, a very short introduction, Oxford University Press, UK, 1982.

HALL EDITH
Aristotle's way: How ancient wisdom can change your life,
Rogers, Coleridge and White Ltd., 2018.

HUGHES GERARD
Routledge philosophy guidebook to Aristotle on ethics, Routledge, 2001.

KENNETH MCLEISH
Aristotle's Poetics, Routledge, 1995.

LEROI ARMAND MARIE
The Lagoon. How Aristotle invented science, Bloomsbury, 2009.

O'ROURKE FRAN
Aristotelian interpretations, Irish Academic Press, 2016.

ROSS DAVID
Aristotle, Methuen & Co Ltd., 1977.

VLASTOS GEORGE
Studies in Greek Philosophy, University Press, Princeton, 1995.

HEIDEGGER MARTIN
Phainomenologische Interpretationen zu Aristoteles, cours de 1922 à Fribourg.

HEIDEGGER MARTIN
Vom Wesen und Begriff der Physis, in *Wegmarken*, 1939.

PACHYMERES GEORGIOS
Scholien und Glosen zu De partibus animalium des Aristoteles (Cod. Vaticanus Gr. 261).

亚里士多德传：追寻真理的一生

作者 _ [希腊] 塔索斯·阿帕斯托利迪斯　　绘者 _ [希腊] 阿雷卡斯·帕帕达托斯
译者 _ 郑彦博　　审校 _ 李雨瑶

产品经理 _ 张幸　　装帧设计 _ 何月婷　　产品总监 _ 赵菁
技术编辑 _ 白咏明　　责任印制 _ 杨景依　　出品人 _ 王誉

营销团队 _ 果麦文化营销与品牌部

鸣谢 (排名不分先后)

贾映雪　张钰　陈哲泓

非常感谢希腊塞萨洛尼基亚里士多德大学亚里士多德跨学科研究中心主任
斯芬多尼 - 门佐（Sfendoni-Mentzou）女士提出的建议和合理意见，并向法文版团队致谢：

上墨 _ Annie Di Donna & Alecos Papadatos
翻译 _ Anny Weil　　哲学审校 _ Alice Gaumer　　设计 _ Philippe Ghielmetti

果麦
www.guomai.cn

以 微 小 的 力 量 推 动 文 明

图书在版编目（CIP）数据

亚里士多德传：追寻真理的一生 /（希）塔索斯·
阿帕斯托利迪斯著；（希）阿雷卡斯·帕帕达托斯绘；
郑彦博译 . -- 成都：四川文艺出版社，2023.11
　　ISBN 978-7-5411-6763-8

　　Ⅰ . ①亚… Ⅱ . ①塔… ②阿… ③郑… Ⅲ . ①亚里士
多德 (Aristotle 前 384- 前 322)—传记—通俗读物 Ⅳ .
① B502.233-49

　　中国国家版本馆 CIP 数据核字（2023）第 192870 号

YALISHIDUODE ZHUAN: ZHUIXUN ZHENLI DE YISHENG

亚里士多德传：追寻真理的一生

〔希腊〕 塔索斯·阿帕斯托利迪斯　著

〔希腊〕 阿雷卡斯·帕帕达托斯　绘　　郑彦博　译

出 品 人　谭清洁
责任编辑　王思鈜
责任校对　段　敏
出版发行　四川文艺出版社（成都市锦江区三色路 238 号）
网　　址　www.scwys.com
电　　话　021-64386496（发行部）　028-86361781（编辑部）
印　　刷　天津市豪迈印务有限公司
成品尺寸　190mm×260mm
开　　本　16 开
印　　张　13.5
印　　数　1 — 8，000
字　　数　270 千
版　　次　2023 年 11 月第一版
印　　次　2023 年 11 月第一次印刷
书　　号　ISBN 978-7-5411-6763-8
定　　价　98.00 元

如果发现印装质量问题，影响阅读，请联系 021-64386496 调换。